Konrad Löw

Das Prinzip Gorbatschow
Anspruch und Wirklichkeit

KONRAD LÖW

DAS PRINZIP GORBATSCHOW

ANSPRUCH & WIRKLICHKEIT

KÖLNER UNIVERSITÄTSVERLAG

CIP-Titelaufnahme der Deutschen Bibliothek

Löw, Konrad:
Das Prinzip Gorbatschow – Anspruch & [und] Wirklichkeit /
Konrad Löw. – Köln: Kölner Univ.-Verl., 1989

ISBN 3-87427-040-8

Kölner Universitätsverlag GmbH
Eupener Straße 165, 5000 Köln 41
Lektorat: Klaus Reinicke
Titelbild: dpa, Deutsche-Presse-Agentur GmbH
Umschlaggestaltung: Roberto Patelli, Köln
Satz: Fotosatz Klaus Götten GmbH, Köln
Druck und Einband: Bercker GmbH, Kevelaer
Printed in Germany

ISBN 3-87427-040-8

Inhaltsverzeichnis

Vorwort

Der gewinnend lächelnde Gorbatschow ist nicht nur „Der Mann des Jahres“, sondern aller Jahre, seit seinem Machtantritt. Der russische Bär träumt in westlichen Begriffen. Die Winterstarre weicht. Die Morgenröte eines goldenen Frühlings ist angebrochen. Weltweit Jubel.

Doch – ist Euphorie nicht zumindest erheblich verfrüht, illusionär, gefährlich?

Das Buch zeigt in zwölf Kapiteln, was von der z. Zt. herrschenden Meinung bei der Würdigung Gorbatschows nicht hinlänglich berücksichtigt wird.

Ausgelöst wurde diese Untersuchung durch Vortragsverpflichtungen der Hermann-Ehlers-Akademie Hamburg.

Herzlichen Dank meinen Beratern und Helfern, dem Slawisten Prof. Dr. Günter Kratzel, meinem Assistenten, Dr. Uwe Backes, meiner Sekretärin, Frau Dagmar Van der Borght, und Frl. Yvonne Zahn sowie dem Lektor, Herrn Klaus Reinicke.

K. L.

I „Gorbatschow – der Mann des Jahres", „Perestrojka – das Buch des Jahres" – Vor dem „Anbruch eines neuen Zeitalters"

1. „Der zweite Messias"?

Am 11. März 1985 wurde Michail Gorbatschow zum Generalsekretär der KPdSU bestellt. Wenige Wochen vorher, im Februar 1985, schrieb ich in einem Beitrag für die Bayerische Staatszeitung: „Breschnew, Andropow und Tschernenko sind Exponenten einer Gerontokratie. Alt und altersschwach ist auch die Ideologie. In der Politik ist der Generationenwechsel überfällig. Ist es wirklich reine Utopie zu hoffen, daß sich unter den jüngeren sowjetischen Kommunisten anständige Leute befinden, die schrittchenweise die Konsequenzen aus den leeren Versprechungen des Marxismus-Leninismus ziehen, denen das Glück der Mitmenschen mehr wert ist als die eigene Macht? Was 1968 in der Tschechoslowakei geschah, kam, auch für Eingeweihte, völlig überraschend. Gerade die Mitglieder der dortigen KP galten als die linientreuesten. Und trotzdem haben sie, fast ausnahmslos, den Prager Frühling mitgetragen. Derlei ist, bei allen Besonderheiten, auch in der Sowjetunion nicht völlig undenkbar. Das ist unsere Hoffnung, das ist die Chance der freien Welt, der Menschen in Ost und West."[1]

Ist Gorbatschow der Erhoffte? Ist mit ihm die Chance Wirklichkeit geworden?

Das weltweit angesehene amerikanische Nachrichtenmagazin „Time" widmete seine erste Nummer 1988 Gorbatschow mit Titelfoto und der Überschrift: „Man of the Year". Der Mann

The Man of the Year is now the Book of the Year

Laut einer Annonce (Frankfurter Allgemeine Zeitung 3. 2. 89) war das Buch 57 Wochen auf der Spiegel-Bestsellerliste. Über 500 000 mal verkauft!

des Jahres ist der Verfasser von „Perestrojka – die zweite russische Revolution“.[2] In den Annoncen dazu heißt es „Das Buch des Jahres vom Verlag des Jahres“.

Als der ehemalige bayerische Ministerpräsident und CSU-Vorsitzende von seiner Moskau-Reise zurückkehrte, berichtete die Presse unter der Überschrift: „Strauß: Anbruch neuen Zeitalters“.[3]

Die Welle der Gorbatschow-Begeisterung kennt keine Grenzen und schwillt weiter an. Die Washington Post spricht von Gorbomania.[4] Time berichtet: „It was like the coming of the second Messiah.“[5] Ende 1988 hatten 80 Prozent der bundesdeutschen Bevölkerung eine gute Meinung von Gorbatschow, aber nur 52 Prozent von Reagan.[6] Auch für die Menschen hinter dem Eisernen Vorhang ist er ein Hoffnungsträger: Als am Pfingstmontag 1987 Jugendliche in Ost-Berlin einem Konzert lauschen wollten, das in West-Berlin ausgestrahlt wurde, schritt die Volkspolizei ein. In die Enge gedrängt, schrien die Jugendlichen „Gorbi, Gorbi!“, so, als ob es sich bei Gorbatschow um einen heiligen Schutzpatron ungerecht Verfolgter handelte.

Am 5. September 1987 demonstrierten in Ost-Berlin zu nächtlicher Stunde, wie im bundesdeutschen Fernsehen gezeigt wurde, kirchliche Friedensgruppen. Auf ihrer Prozession von einer Kirche zur andern trugen sie nicht etwa ein Kreuz oder Bilder von Heiligen, sondern Portraits von Gorbatschow und Transparente mit der Aufschrift: „Gorbatschow ist unsere Hoffnung“.

2. Sowjetische Propagandaoffensive

Es gibt auch kritische Stimmen. Aber sie sind vergleichsweise selten, und nur das Echo der Entrüstung, das sie auslösen, ist weithin vernehmbar. Es scheint so, als ob es ein Sakrileg sei, Gorbatschow zu bestätigen, daß er auch das Handwerkszeug als weltweit wirksamer Propagandist beherrscht. Das agitatorische Genie kennt die Wirksamkeit der Formel: Behaupten – übertreiben – wiederholen. Nach ihr arbeiten die ausgesandten sowjetischen Propagandisten, die, wie es in der Frankfurter Allgemeinen heißt, „beinahe in Bataillonsstärke" in die Bundesrepublik strömen. „Sie absolvieren zumeist unter den Fittichen der Deutschen Kommunistischen Partei täglich ein anstrengendes Vortragsprogramm . . ."[7]

Doch niemand braucht sich in den Bannkreis der KP zu begeben, um Gorbatschows Sendboten zu begegnen. Sie nehmen teil an Veranstaltungen der Gesellschaft für Deutschlandforschung, der Hanns Martin Schleyer-Stiftung, der Parteien und der Kirchen.

Noch im März 1988 mußten sich die Mitglieder der Internationalen Gesellschaft für Menschenrechte (IGfM) auf dem Wege zur Jahreshauptversammlung Schmähungen und Drohungen linker Chaoten gefallen lassen:

[8]

IDENTIFIZIERTE GEHEIMDIENSTZENTRALE FÜR ANTIKOMMUNISTISCHE MEINUNGSMACHE UND KRIEGSPROPAGANDA	VÖLKERMÖRDER KRIEGSSTRATEGEN WIR WERDEN EUCH DAS HANDWERK LEGEN

Einen Monat später trifft bei der gleichen Menschenrechtsorganisation die Anfrage ein, ob sie nicht bereit sei, zwei Mitglieder der Sowjetischen Akademie der Wissenschaften 14 Tage zu betreuen. Hauptthema aller Ansprachen, Gespräche und Interviews: Gorbatschows neue Politik.

Aber nicht genug damit. Gorbatschow selbst wendet sich an jeden von uns: „. . . mit diesem Buch möchte ich direkt und ohne Vermittler zu den Bürgern der ganzen Welt sprechen und Fragen erörtern, die uns alle, ohne Ausnahme, betreffen.

Ich habe dieses Buch geschrieben, weil ich an Ihren gesunden Menschenverstand glaube. Ich bin davon überzeugt, daß Sie, genau wie ich, um die Zukunft unseres Planeten besorgt sind."

Seit Mai 1988 gibt es die Monatszeitung Moskau-News. Auf der Titelseite heißt es: „Die sowjetische Zeitung erscheint in 6 Sprachen und wird in 140 Ländern verbreitet." Die Aufmachung erinnert an „Bild".

3. Die Moskauer Sphinx

Zwei Worte haben programmatische Bedeutung, sind untrennbar mit dem Namen Gorbatschow verknüpft: „Glasnost" und „Perestrojka". Beide waren bei seinem Amtsantritt niemandem bekannt, die russisch Sprechenden ausgenommen. Heute sind sie in vieler Munde, und alle, zumindest in Europa, die Zeitung lesen, kennen sie. „Perestrojka" läßt sich zwar mühelos ins Deutsche übertragen: Umgestaltung. Was wie umgestaltet werden soll, bleibt aber offen. Bei „Glasnost" weiß man nicht einmal so recht, welches die richtige Übersetzung ist: Offenheit? Öffentlichkeit? Transparenz?

Die Gorbatschow-Publikationen,[9] insbesondere „Perestrojka", „Das Buch des Jahres", hinterlassen beim Lesen zwiespältige Gefühle.

Da gibt es einerseits mitreißende, zumindest beeindruckende Sätze:

„Wir brauchen Demokratie wie die Luft zum Atmen.“[10]

„Wir brauchen Glasnost wie die Luft zum Atmen.“[11]

„Eines ist klar: Kritik sollte immer auf Wahrheit beruhen . . .“[12]

„Wir brauchen mehr Ordnung, Gewissenhaftigkeit, gegenseitigen Respekt und Redlichkeit. Wir sollten auf die Stimme unseres Gewissens hören.“[13]

„Groß sind die Gefahren, denen die Menschheit gegenübersteht. Es gibt genügend Elemente der Konfrontation, doch die Kräfte, die den Wunsch haben und imstande sind, dieser Konfrontation Einhalt zu gebieten und sie zu überwinden, gewinnen vor unseren Augen an Stärke und Ausmaß.“[14]

„Wir wollen, daß im heraufziehenden 21. Jahrhundert überall in der Welt Freiheit herrscht. Wir wollen, daß sich ein friedlicher Wettbewerb zwischen unterschiedlichen Gesellschaftssystemen ungehindert entfalten kann . . . Wir wollen, daß die Menschen eines jeden Landes Wohlstand, Glück und Zufriedenheit genießen können.“[15]

Andere machen nachdenklich, verursachen Zweifel, ja Besorgnis:

„Tatsache ist ferner, daß der Fortschritt meines Landes nur dank der Revolution möglich wurde.“[16] – Ist der Fortschritt in jenen Ländern, die den „Segen“ der Bolschewistischen Revolution nicht genossen, etwa geringer oder ist dort gar kein Fortschritt zu verzeichnen?

Natürlich ist der Sozialismus etwas Wunderschönes, wenn er so definiert wird, daß ihm alle Schattenseiten wesensfremd sind. Gorbatschow: „Ökonomische Mißerfolge nahmen zu, Schwierigkeiten häuften und verschlimmerten sich, ungelöste Probleme nahmen überhand. Anzeichen dessen, was wir Stagnation nennen, und andere Phänomene, die dem Sozialismus wesensfremd sind, tauchten im gesellschaftlichen Leben auf.“[17]

„Ganz Europa war nicht imstande, Hitler aufzuhalten, aber wir haben ihn zerschmettert.“[18]

Widerstanden nicht die Engländer als erste, und zwar zu einer Zeit, als die Sowjetunion Hitlerdeutschland mit Kriegsmaterial und Propaganda massiv begünstigte? Zwangen nicht die Amerikaner Hitler einen Dreifrontenkrieg auf? Unterstützten sie nicht mit ungeheueren Lieferungen die Rote Armee?

Waren es nicht Amerikaner und Briten, die in geradezu pausenlosen Einsätzen alle Nachschubwege der deutschen Armee immer wieder unterbrachen und die kriegsnotwendigen Lieferungen zerstörten?

„Am Kaloriengehalt der Nahrung gemessen rangiert die Sowjetunion unter den Nationen mit dem höchsten Entwicklungsstand.“[19] Aber: Die Jagd nach Kalorien ist in den sogenannten Staaten der Ersten Welt ein fast vergessenes Phänomen der unmittelbaren Nachkriegszeit.

Bewußt oder unbewußt sagt Gorbatschow die Unwahrheit, wenn er behauptet: „Viele Menschen wollen verstehen, was zur Zeit in der Sowjetunion geschieht, insbesondere auch deshalb, weil Presse und Fernsehen im Westen noch immer überschwemmt werden von Wellen der Antipathie gegen mein Land.“[20] – Wie allgemein bekannt (s.o.), ist genau das Gegenteil richtig.

Wieder andere Gorbatschow-Äußerungen sind widersprüchlich, so wenn einerseits immer wieder vom neuen Denken die Rede ist („Ein umfangreicher Teil ist dem neuen politischen Denken gewidmet“[21]), andererseits auf Schritt und Tritt Lenin bemüht wird. Ein eigenes Kapitel in „Perestrojka“ trägt die Überschrift „Rückbesinnung auf Lenin als eine ideologische Quelle der Perestrojka“.

Einerseits: „Im Westen, einschließlich der USA, wird Perestrojka unterschiedlich interpretiert. So wird in etwa die Ansicht vertreten, Perestrojka sei aufgrund des katastrophalen Zustandes der sowjetischen Wirtschaft als unumgänglich erkannt worden; . . . Nichts ist von der Wahrheit weiter entfernt als derartige Interpretationen . . .“[22]

Andererseits trägt ein Kapitel die Überschrift „Perestrojka – eine dringende Notwendigkeit“. Darin heißt es u. a. „Eine Art ‚Bremsmechanismus‘ lähmte die gesellschaftliche und ökonomische Entwicklung . . . Etwas Seltsames ging vor sich; das riesige Schwungrad einer gewaltigen Maschine drehte sich, doch die Treibriemen zu den Arbeitsplätzen rutschten ab oder drehten durch.“[23]

Einerseits: „Rußland, das vor 70 Jahren eine große Revolution erlebte, ist ein altes Land mit einer einzigartigen Geschichte, geprägt von der Suche seiner Menschen nach Sicherheit, von ihren Erfolgen . . .“[24]

Andererseits spricht er vom „rückständigen halb-kolonialen und halb-feudalistischen Russischen Reich“.[25] Die Revolution habe „praktisch aus dem Nichts eine moderne Industrie“[26] geschaffen.

Man müsse die Bücher von Gorbatschow zwischen den Zeilen lesen, da er doch nicht offen sagen könne, was er denke – erwiderte ein junger Freund, als ich von meiner Besorgnis sprach. Aber erstens: Das Zwischen-den-Zeilen-Lesen gleicht der Befragung des delphischen Orakels, und zweitens: Der junge Freund, der für Gorbatschow Partei ergreifen wollte, setzte hinter Gorbatschows Programm ein überdimensionales Fragezeichen. „Glasnost“ meint doch „Offenheit“, „Ehrlich-

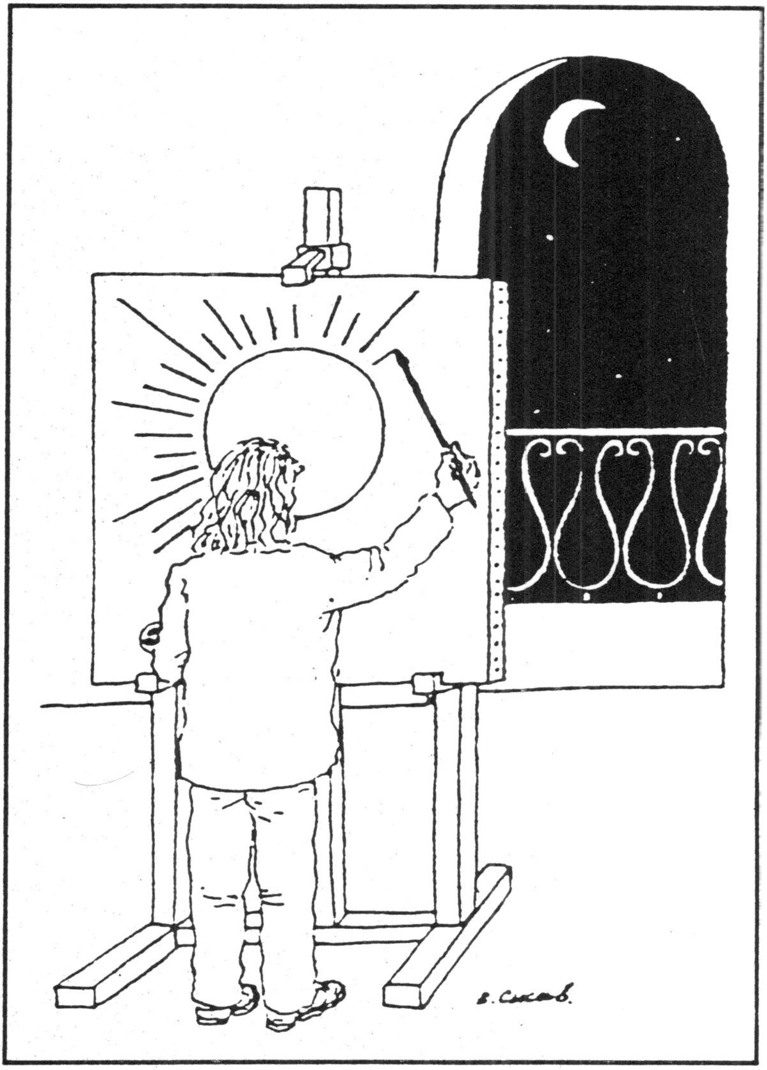

„Sozialistischer Realismus“
Aus „Moskowskije Nowosti“, 17. 1. 1988

keit". Wie verträgt sich damit die Notwendigkeit, selbst Gorbatschows eigene Worte ständig daraufhin prüfen zu müssen, was er wohl wie gemeint haben dürfte und was er wohl wider besseres Wissen und eigenes Wollen sagen mußte?

Große, faszinierende Worte kennen wir seit Beginn der kommunistischen Bewegung. Schon im Rundschreiben des 1. Kongresses des Bundes der Kommunisten vom 9. Juni 1847 steht zu lesen: „Wir vertreten eine große, eine herrliche Sache. Wir proklamieren die größte Umwälzung, die je in der Welt proklamiert worden ist, eine Umwälzung, die an Gründlichkeit, an Folgenreichtum ihresgleichen nicht hat in der Weltgeschichte."

Kaum weniger schön die Texte aller Programme kommunistischer Parteien, z. B. „Kommunismus bringt der Welt Frieden, Arbeit, Freiheit, Gleichheit und Glück – die kommunistische Gesellschaft wird der größte Sieg der Menschheit in ihrer Geschichte."[27] Doch was ist daraus geworden?

Die Kluft zwischen Verheißung und Wirklichkeit kennt auch Gorbatschow: „Wieder schufen ambitionierte, nicht einhaltbare Versprechen und Prognosen eine Kluft zwischen Worten und Taten."[28] Also kann er gar nicht erwarten, daß seine neuen Verheißungen

(z. B. „Der Erfolg der Perestrojka wird das letzte Argument im historischen Streit sein, welches System den Interessen der Menschen besser diene. Befreit von den Begleiterscheinungen vergangener extremer Bedingungen, wird das Bild der Sowjetunion neue Anziehungskraft gewinnen, und die Sowjetunion wird in lebendiger Weise die dem sozialistischen System innewohnenden Vorteile verkörpern."[29])

für bare Münze genommen werden.

Was allein zählt, sind nüchtern registrierte Tatsachen, wie Gorbatschow richtig schreibt: „Ich bin fest davon überzeugt, daß das Buch noch nicht zu Ende geführt ist oder überhaupt zu Ende geführt werden kann. Es muß durch Taten vervollständigt werden, durch praktisches Handeln . . .“[30]

Hier geht es um eine Bilanz der ersten vier Jahre, um einen Vergleich dessen, was damals war und heute ist, eine Gewinn- und Verlustrechnung auf allen Gebieten, insbesondere Ideologie (II, III), Recht (IV), Menschenrechte allgemein (V), Glaubensfreiheit (VI), Meinungs- und Informationsfreiheit (VII), Geschichte (VIII), Demokratie (IX), Wirtschaft (X), Außen- sowie Sicherheitspolitik (XI).

II Lenin, immer wieder Lenin[1]

1. Der Leninkult

Sich häufig auf Lenin zu berufen, war für jeden Führer der KPdSU eine Selbstverständlichkeit, für Stalin ebenso wie für Chruschtschow und Breschnew. Auch in Gorbatschows Schriften und Reden immer wieder „Lenin", und zwar in den höchsten Tönen als geradezu unüberbietbarer Personenkult:

„Die lebensspendende Kraft unserer großen Revolution war zu gewaltig, als daß Partei und Bevölkerung sich mit Erscheinungen hätten abfinden können, die unsere revolutionären Gewinne zu vergeuden drohten. Die Werke Lenins und seine sozialistischen Ideale blieben für uns eine unerschöpfliche Quelle kreativen dialektischen Denkens, theoretischen Reichtums und politischen Scharfsinns. Gerade sein Vorbild ist uns ein unsterbliches Beispiel für hohe moralische Stärke, umfassende Bildung und selbstlose Hingabe an die Sache des Volkes und des Sozialismus. Lenin lebt weiter in den Köpfen und Herzen von Millionen von Menschen."[2]

„In dem Maße, wie sich die Perestrojka weiterentwickelt, werden wir auch immer aufs neue Lenins Werke studieren, vor allem sein Spätwerk."[3]

Auf dem Fundament des Marxismus-Leninismus ruhend, stellt Gorbatschow selbstbewußt fest: „Wir verfügen über . . . eine klare Weltanschauung."[4] Doch nur zwei Seiten weiter heißt es: „Die Welt hat sich verändert; sie ist nicht mehr, wie sie einmal war, und ihre neuen Probleme können deshalb nicht mehr auf der Grundlage eines Denkens angefaßt werden, das uns aus vergangenen Jahrhunderten überkommen ist."[5] – Der Marxismus-Leninismus stammt weitestgehend aus dem 19. Jahrhundert, und die Wurzeln reichen in noch tiefere Schichten unserer Geistesgeschichte. Ist er nicht länger

Grundlage, Wegweiser und Leitfaden für den Kommunismus unserer Tage?

Derlei Zweifeln an Gorbatschows Prinzipientreue, die er mit manchen Wendungen selbst nährt, tritt er an anderen Stellen resolut entgegen:

Manche Leute im Westen „gehen sogar so weit zu behaupten, die Oktoberrevolution von 1917 sei ein Fehler gewesen, der unser Land weitgehend vom sozialen Fortschritt der Welt abgeschnitten habe. Um allen Gerüchten und Spekulationen ein Ende zu setzen, die im Westen über uns kursieren, möchte ich noch einmal ausdrücklich betonen, daß alle Reformen, die wir durchführen, in Übereinstimmung stehen mit unserem sozialistischen Weg."[6] Und es ist eben doch wieder Lenin, der den Weg weist: „Wir haben von Lenin gelernt, schöpferisch an Theorie und Praxis des Sozialismus heranzugehen, und tun es auch weiterhin. Wir bedienen uns seiner wissenschaftlichen Methoden und lernen von ihm die Kunst, die Analyse konkreter Situationen zu beherrschen."[7]

2. Stalin in den Fußstapfen Lenins

Wer Gorbatschow auch nur halbwegs ernst nimmt, kommt also an Lenin nicht vorbei. Lenin erscheint dem Uneingeweihten als *die* Lichtgestalt schlechthin, doppelt licht neben dem Bösewicht Stalin. Freilich, es war kein anderer als Lenin, dem Stalin seine Position innerhalb der KPdSU zu verdanken hatte.

Auf die Kritik von Parteigenossen an der Machtkonzentration in den Händen Stalins antwortete Lenin: „Preobranshenski hat hier leichthin eingeworfen, daß Stalin (bereits) in zwei Volkskommissariaten sitzt. Aber wer von uns ist ohne Sünde? Wer hat nicht gleichzeitig mehrere Verpflichtungen übernommen. Und wie soll man es auch anders machen? . . .

Wir brauchen einen Menschen, zu dem jeder beliebige Vertreter einer Nation kommen kann, um ihm ausführlich zu erzählen, was er auf dem Herzen hat. Wo ist ein solcher Mensch zu finden? Ich glaube, auch Preobranshenski könnte keine andere Kandidatur nennen als die des Genossen Stalin."[8]

In seinem Testament vom 25. Dezember 1922 nennt Lenin Stalin und Trotzki die „fähigsten Führer des augenblicklichen Zentralkomitees".[9] In dem häufig erwähnten, aber selten richtig zitierten Postskriptum, das Lenin eine Woche später hinzufügte (4. 1. 23), spricht er sich zwar für die Entfernung Stalins aus dem Büro des Generalsekretärs aus, aber „im Interesse der Vermeidung einer Spaltung", die durch Stalins Grobheit gegenüber den Genossen begünstigt werden könnte, also keineswegs ein genereller Vorbehalt. Diese Desavouierung Stalins erfolgte, nachdem sich dieser einer groben Taktlosigkeit gegenüber Lenins Frau schuldig gemacht hatte. Klaus Motschmann trifft den Nagel auf den Kopf, wenn er schreibt: „*Eine* Begebenheit am Ende eines langen gemeinsamen Weges reicht sicher nicht aus, um zuverlässige Aussagen zu begründen. Wer käme wohl auf die Idee, einen Gegensatz von Hitler zu Himmler und Göring zu konstruieren, nur weil er diese beiden alten Parteigenossen noch kurz vor Kriegsende aus der NSDAP ausgestoßen hat?"[10]

Auch Lenins Vertraute, die alle dessen Testament kannten, hielten Lenins einmalige Warnung vor Stalin für unbeachtlich. Dementsprechend bestätigten sie ihn im Mai 1924 als Generalsekretär der Partei.

Als Gorbatschow 1952 um die Aufnahme in die KPdSU nachsuchte, war dies die Partei Stalins; seit drei Jahrzehnten stand Stalin schon an ihrer Spitze, seit vielen Jahren gänzlich unangefochten.

Die Gründungsväter des Gulag. Aus Boris Mukhametshin „Antiposter"
Xenos Books 85

Es geht nicht an, zwischen Lenin und Stalin, den beiden bolschewistischen Kampfgefährten, einen scharfen Trennungsstrich zu ziehen. Was Stalin in die Tat umgesetzt hat, war bereits, sieht man von Willküraktionen ab, im Marxismus angelegt:[11]

a) Gorbatschow fordert Rechtsstaatlichkeit (IV). Es war Lenin, der sie mit Füßen getreten hat:

Lenin rief die „Außerordentliche Kommission zum Kampf gegen Konterrevolution und Sabotage", die gefürchtete Tscheka, die heute als KGB firmiert, ins Leben.

Lenin ließ am 16. Juli 1918 den längst entmachteten und abgesetzten Zaren, dessen Frau und die gänzlich unschuldigen Kinder töten.[12]

Die durch und durch verlogenen Schauprozesse Stalins entsprachen im Prinzip Forderungen Lenins: „Meiner Ansicht nach ist es notwendig, die Todesstrafe durch Erschießen für alle Phasen der Umtriebe der Menschewiken, Sozialrevolutionäre und ähnlicher auszudehnen: Es muß eine Formel gefunden werden, die diese Umtriebe in Verbindung bringt mit der Internationalen Bourgeoisie und deren Kampf gegen uns (Bestechung der Presse und Agenten, Kriegsvorbereitungen und ähnliches)."[13]

1937, also auf dem Höhepunkt der Stalinschen Säuberungsmaßnahmen, wurde der eben zitierte Text in der Zeitung „Bolschewik" veröffentlicht.

Lenin selbst gab die Weisung: „Den Klerus ausrotten . . . erschießen!"

„An Genosse Molotow für die Mitglieder des Politbüros unter dem Siegel der Verschwiegenheit . . . Deshalb erkläre ich, daß dies ganz offensichtlich der günstigste Augenblick ist, einen schonungslosen und entscheidenden Kampf gegen den reaktionären Klerus zu beginnen . . . Je mehr reaktionäre Priester und Bourgeois wir unter Ausnutzung dieser Gelegenheit erschießen können, desto besser ist es. Jetzt muß man diesen Leuten eine ordentliche Lektion erteilen, so daß sie es mehrere Jahrzehnte lang nicht einmal mehr wagen können, auch nur den geringsten Widerstand ins Auge zu fassen."[14]

b) Gorbatschow fordert Demokratie (IX). Es war Lenin, der sie abgeschafft hat. In „Perestrojka" äußert Gorbatschow: „Die schmale demokratische Basis wirkte sich unter den neuen Bedingungen des etablierten Führungssystems höchst negativ aus. Für Lenins Vorstellung einer Selbstbestimmung der Werktätigen blieb nur noch wenig Raum."[15]

Wo ist nachzulesen, daß Lenin die Selbstbestimmung der Werktätigen wollte? Hier wie sonst erwartet Gorbatschow Vertrauen in die Richtigkeit seiner Worte. Hier aber ist das genaue Gegenteil nachweisbar richtig. Lenin hat Rußlands Demokratie zerstört. Im Dezember 1917, also nach der Machtübernahme der Bolschewiki, fanden halbwegs freie Wahlen statt (Parallele: Dt. Reich 5. März 1933). Die Bolschewiki konnten 24 vom Hundert[16] der Mandate erringen. Der Konstituierenden Versammlung wurde ein Ermächtigungsgesetz zur Zustimmung vorgelegt, das die „vorbehaltlose Anerkennung der Sowjetmacht" forderte, wie der Rat der Volkskommissare unter Lenins Führung sie praktizierte (Parallele: Deutsches Reich 23. März 1933). Doch als die Mehrheit ablehnte, wurden nur noch die Fügsamen zu weiteren Sitzungen, die unter dem Straßenterror der „Roten Garde" stattfanden, zugelassen.[17]

Ausgerechnet in Petrograd, wo einige Jahre zuvor die „Oktoberrevolution" inszeniert worden war, wurden im Februar 1921 von Arbeitern und Soldaten schwere Anschuldigungen gegen die bolschewistische Diktatur erhoben, die schließlich zum Kronstädter Matrosenaufstand eskalierten:

„Genossen, wenn ihr euch umseht, werdet ihr merken, daß wir in einen furchtbaren Sumpf geraten sind. In diesen Sumpf sind wir von einer Gruppe von kommunistischen Bürokraten gestoßen worden, die unter der Maske des Kommunismus in unserer Republik ihr eigenes Schäfchen ins Trockene gebracht haben . . . Es muß Schluß gemacht werden mit dem Erschießen unserer Brüder!“[18] 14 000 Matrosen fanden den Tod; die meisten in einem erbitterten Kampf oder durch Hinrichtung, der Rest in den Lagern.

Nach übereinstimmenden Erhebungen des Roten Kreuzes, französischer und belgischer Wissenschaftler hat der rote Terror der Jahre 1921/23 folgende Opfer gefordert:

Angehörige der Intelligenz	160 000
Beamte, Bürger, Offiziere	740 000
Angehörige der Polizei	50 000
Geistliche	40 000
Arbeiter und Angestellte	1 300 000
Opfer der Hungersnot	6 000 000
Gesamtzahl der Opfer mindestens	8 290 000[19]

Nicht einmal die kommunistischen Gewerkschaften durften ihre Funktionäre selbst bestimmen – zu Lebzeiten Lenins! Im Mai 1921 mißachtete das ZK die innergewerkschaftlichen Wahlergebnisse und ernannte einen Vorstand, der aus den Kandidaten der Partei bestand. Schljapnikow, ein führender kommunistischer Gewerkschaftsfunktionär, wollte daraufhin als Zeichen des Protestes aus dem Zentralkomitee ausscheiden. Selbst das wurde ihm verweigert.

c) Gorbatschow fordert Moral. Es war Lenin, der sie preisgegeben hat.

Nicht fragwürdige Indizien, sondern handfeste Bekundungen zeigen uns, daß Lenin völlig skrupellos bei der Wahl seiner Mittel verfuhr. 1919, als Lenin in der Staatspartei unangefochten das Sagen hatte, proklamierte die Zeitschrift „Rotes Schwert“, Organ der „Tscheka“: „Unser ist ein neuer Moralkodex. Unsere Humanität ist absolut; denn sie gründet sich auf dem glorreichen Ideal der Beseitigung von Tyrannei und Unterdrückung. Uns ist alles erlaubt; denn wir sind die ersten in der Welt, die das Schwert nicht zu Zwecken der Versklavung und Unterdrückung ziehen, sondern im Namen der Freiheit und Befreiung von der Knechtschaft.“[20]

In dem Zitierten ist die neue Moral, die alles erlaubt, noch hübscher verpackt als in den Äußerungen des obersten Chefs dieser Geheimpolizei. Er, Lenin, formuliert: „Wir sagen, daß unsere Sittlichkeit völlig den Interessen des proletarischen Kampfes untergeordnet ist.“[21] Das heißt beispielsweise konkret: „Man muß zu allen möglichen Kniffen, Listen, illegalen Methoden, zur Verweigerung, Verheimlichung der Wahrheit bereit sein, um nur in die Gewerkschaften hineinzukommen, in ihnen zu bleiben und in ihnen um jeden Preis kommunistische Arbeit zu leisten.“[22]

Der sowjetischen Delegation für die Konferenz von Genua (1922) gab Lenin die Direktive mit auf den Weg, „zu allen Hauptfragen ein vollständiges, selbständiges, geschlossenes Programm zu entwickeln. Dieses Programm muß bürgerlich-pazifistisch sein . . .“ Daraufhin wandte sich der Delegationsleiter, Außenminister Tschitscherin, völlig verunsichert an Lenin: „Zeit meines Lebens habe ich die kleinbürgerlichen Illusionen bekämpft, und jetzt zwingt mich das Politbüro auf meine alten Tage, kleinbürgerliche Illusionen zu erfinden.

Niemand bei uns versteht es, so etwas zu erfinden, wir wissen nicht einmal, auf welche Quellen man sich stützen soll."

Darauf Lenin: „Genosse Tschitscherin! Sie sind übernervös . . . Den Pazifismus haben Sie ebenso wie ich als Programm der revolutionären proletarischen Arbeit bekämpft. Das ist klar. Aber von wem, wo und wann wurde die Ausnutzung der Pazifisten durch diese Partei abgelehnt, wenn es galt, den Feind, die Bourgeoisie, zu zersetzen? Ihr Lenin."[23]

3. Lenin muß fallen

Die ganze Vita des Vladimir Uljanow, genannt Lenin, bildet eine einzige Beweiskette seiner praktizierten Skrupellosigkeit. Bereits im November 1917 schrieb Gorki: „Außerdem zeichnen ihn auch das für diese Rolle notwendige Fehlen jeglicher Moral und ein ausgesprochen herrisches, mitleidloses Verhältnis zum Leben der Volksmassen aus. Lenin ist ‚Führer' und russischer Adliger, und gewisse seelische Eigenschaften dieses ins Nichts verschwundenen Standes sind ihm nicht fremd; deshalb hält er sich dafür berechtigt, mit dem russischen Volk ein grausames Experiment zu machen, das schon im voraus zum Scheitern verurteilt ist. Das durch den Krieg gequälte und ins Elend gestürzte Volk hat dieses Experiment schon mit Tausenden von Menschenleben bezahlt und wird es noch mit Abertausenden bezahlen müssen . . ."[24]

Ein Jahr nach der Oktoberrevolution beklagte Rosa Luxemburg, daß durch Lenins Führungsstil ein „Erdrücken des politischen Lebens" in Sowjetrußland vor sich gehe:

„Im Grunde also eine Cliquenwirtschaft – eine Diktatur allerdings, aber nicht die Diktatur des Proletariats, sondern die Diktatur einer Handvoll Politiker, d. h. Diktatur im bürgerlichen Sinne, im Sinne der Jakobinerherrschaft."[25]

Schaudererregend ist Lenins Menschenbild, das er beim Anhören einer Beethoven-Sonate wie folgt umreißt:

„Ich kenne nichts Besseres als die ‚Appassionata', ich könnte sie jeden Tag hören. Eine erstaunliche, nicht menschliche Musik. Ich denke immer voller Stolz, der vielleicht naiv ist: Was für Wunder können die Menschen vollbringen . . . Doch kann ich die Musik nicht oft hören, sie greift die Nerven an, man möchte liebevolle Dummheiten sagen und den Menschen die Köpfe streicheln, die in einer widerwärtigen Hölle leben und so etwas Schönes schaffen können. Aber heutzutage darf man niemandem den Kopf streicheln – die Hand wird einem abgebissen, man muß auf die Köpfe einschlagen, mitleidlos einschlagen, obwohl wir, unserem Ideal nach, gegen jede Gewaltanwendung gegenüber den Menschen sind."[26]

Die Frage drängt sich auf, was das für ein Gewährsmann ist, auf den sich hier Gorbatschow geradezu kultisch und vorbehaltslos beruft? Die Vergangenheitsbewältigung darf nicht und wird letzten Endes auch nicht bei Stalin haltmachen. Schon heute wird, auch in der SU, die Lenin-Ikone kritisch auf ihre Echtheit hin untersucht. So nennt die Samisdat-Zeitung „Referendum" Lenin den Urheber der Unfreiheit des Landes:

„Bei allem Reiz jener humanistischen und liberalen Phraseologie, die so gern und so gekonnt von Gorbatschow benutzt wird, darf nicht vergessen werden, daß der Versuch, jede Wandlung in der Politik in Verbindung mit seinen Ideen zu bringen und mit seinen Worten unter seiner Autorität zu bekräftigen mit der Vertuschung einer unbestreitbaren Tatsache einhergeht – nämlich, daß gerade der Leninismus (als Ideologie, als Form der Staats- und Parteiorganisation, und letztlich als politische Tradition) den Übergang zum politischen Massenterror vorherbestimmt hat.

Gerade unter Lenin ist die Pressefreiheit abgeschafft und eine Zensur eingeführt worden, deren sinnlose Grausamkeit alles bisher Dagewesene übertraf. Gerade unter Lenin sind nicht nur alle demokratischen Parteien des Landes aufgelöst worden . . ., sondern auch alle sozialistischen Parteien, die ihre Selbständigkeit nicht aufgeben wollten. Es war Lenin, der 1921 die letzte Existenzmöglichkeit einer innerparteilichen Demokratie beseitigt und jegliche Fraktionsbetätigung verboten hat. Und es ist Lenin, dem unser Land die Entstehung eines mächtigen Gewaltapparates verdankt . . . Es war Lenin, der die Gleichsetzung des Sozialismus mit einer absoluten Zentralisierung der wirtschaftlichen und politischen Macht durchgesetzt hat. Ihm verdankt unser Staatsmechanismus einen unausrottbaren Hang zum Totalitarismus, zur Beseitigung aller Hindernisse auf dem Weg zu einer vollständigen Monopolisierung der Macht.“[27]

Ob die Lenin-Werke in Danzig die polnische Misere mitverursacht haben, weiß ich nicht. Lenins „Werke“, abgefaßt in 39 Bänden, sind aber mit ein Grund dafür, warum die Welt im argen liegt.

III Gorbatschows ideologischer Spielraum

1. „. . . innerhalb des Sozialismus . . .“

Gorbatschows Glasnost-Perestrojka-Offensive erntet Beifall, weckt Erwartungen, aber nicht nur. Die Orthodoxen im Kreml, auch wenn sie, wie Ligatschow, in den Hintergrund gedrängt worden sind, haben die Bühne der Macht nicht verlassen. Ost-Berlin tut so, als sei das alles lediglich eine innere Angelegenheit der Sowjetunion. Radio Budapest berichtet: Viele Ungarn betrachten die Reformpolitik als Ketzerei.[1] In Albanien ist diese Kritik geradezu Parteimaxime.

Radio Tirana befragte den Inhaber des Lehrstuhls für den Kampf gegen den Revisionismus an der Parteihochschule „Wladimir Iljitsch Lenin“: „Können Sie . . . uns bitte sagen, was die sowjetischen Revisionisten damit bezwecken, wenn sie den Sozialismus mit solchen Beiworten belegen wie ‚voluntaristisch‘ oder ‚bürokratisch‘?

Antwort: Indem die sowjetischen Revisionisten den Sozialismus tatsächlich in solchen Farben darstellen, zielen sie darauf ab, ihn in Mißkredit zu bringen und die Massen von ihrem Kampf für den Sozialismus abzubringen. Sie schlagen den Weg der Sozialdemokratie ein und behaupten, den sogenannten staatlichen Sozialismus durch einen demokratischen selbstverwalteten Sozialismus zu ersetzen, der nach ihrer Meinung ein leninistischer Sozialismus sei. In Wirklichkeit verwenden die sowjetischen Revisionisten die Begriffe ‚Demokratie‘ und ‚Selbstverwaltung‘, um den Staat, die Diktatur des Proletariats anzugreifen . . . Der Sozialismus, den die sowjetischen Revisionisten predigen, ist gar nicht leninistisch . . . Lenin hat nie über einen sogenannten selbstverwalteten Sozialismus oder einen demokratischen Sozialismus gesprochen . . . Die politischen und wirtschaftlichen Reformen wie Perestrojka, Glasnost und das neue Denken Gorbatschows zielen in Wirklichkeit darauf ab, auch die noch von früher aufrechterhaltenen sozialistischen Formen abzuschaffen und auf den Weg des klassischen Kapitalismus zurückzukehren . . . Abschließend möchte ich betonen, daß der von den sowjetischen Revisionisten gepredigte Sozialismus danach strebt, die heutige kapitalistische Gesellschaft zu verewigen."[2]

Haben Gorbatschows Kritiker überhört, daß er sich immer wieder vorbehaltslos zum Marxismus-Leninismus bekennt und nachdrücklich beteuert: „Nicht außerhalb, sondern innerhalb des Sozialismus suchen wir nach Antworten auf die Fragen, die sich uns stellen."[3] Gorbatschow sagt auch, was er meint, wenn er von Sozialismus spricht: „Sozialismus ist die schöpferische Kraft der Massen."[4] „Mehr Sozialismus bedeutet mehr Dynamik, Elan und schöpferische Anstrengung, mehr Organisation, Gesetz und Ordnung, mehr wissenschaftliche Methodik und Initiative in der Wirtschaftsführung und Effizienz in der Administration sowie ein besseres und reicheres Leben für das Volk . . . Mehr Sozialismus bedeutet mehr Patriotismus und Streben nach hohen Idealen, mehr aktives Interesse der Bürger an den inneren Angelegenheiten des Landes und deren positiven Einfluß auf die internationalen Angelegenheiten."[5]

Diese Beschreibung des Sozialismus liest sich teils wie die Büroordnung eines mittelständischen Unternehmens im 19. Jahrhundert, teils wie ein Wunschzettel an das Christkind. Kein Wunder, daß dieser „Sozialismus" Verwirrung stiftet. Und was aus Ungarn berichtet wird, dürfte sich auch andernorts zutragen: „Ungarische Parteifunktionäre sprechen offen davon, daß es über den Charakter und das Wesen des Sozialismus in der ungarischen KP keine einheitlichen Auffassungen mehr gibt, daß keine Klarheit über den Charakter des sozialistischen Eigentums herrscht und daß von den 850 000 Parteimitgliedern in jüngster Zeit etwa 5 vom Hundert – das wären mehr als 40 000 – die Partei entweder von sich aus verließen oder aber ausgeschlossen wurden."[6]

2. Waren die Klassiker des Sozialismus Dogmatiker?

Gorbatschow beruft sich immer wieder auf Lenin, aber auch unüberhörbar deutlich auf Marx: „. . . die marxistische Lehre ist heute relevanter denn je."[7]

Wie lauten die Dogmen des Marxismus-Leninismus, von denen man sich nicht abwenden darf, ohne Marx, Engels und Lenin zu verraten? Waren diese Männer überhaupt Dogmatiker?

Darauf gibt es keine eindeutige Antwort. *Äußerungen* von Marx und Engels legen ein Nein nahe.

Marx: „Ich bin daher nicht dafür, daß wir eine dogmatische Fahne aufpflanzen, im Gegenteil . . . Wir treten dann nicht der Welt doktrinär mit einem neuen Prinzip entgegen: Hier ist die Wahrheit, hier kniee nieder! . . . Unser Wahlspruch muß also sein: Reform des Bewußtseins nicht durch Dogmen, sondern durch Analysierung des mystischen, sich selbst unklaren Bewußtseins, trete es nun religiös oder politisch auf."[8]

Engels: „Unsere Theorie ist eine Theorie, die sich entwickelt, kein Dogma, das man auswendig lernt und mechanisch wiederholt."[9]

Und nochmals Engels: „Die Deutschen haben es nun einmal nicht verstanden, von ihrer Theorie aus den Hebel anzusetzen, der die amerikanischen Massen in Bewegung setzen konnte; sie verstehen die Theorie großenteils selbst nicht und behandeln sie doktrinär und dogmatisch als etwas, das auswendig gelernt werden muß, dann aber auch allen Bedürfnissen ohne weiteres genügt. Es ist ihnen ein Credo, keine Anleitung zum Handeln."[10]

Gegen die Beweiskraft dieser Zitate läßt sich einwenden: Die Verurteilung des Dogmatismus durch Marx stammt aus dem Jahre 1843, also aus der „vorkommunistischen Periode". Der

Kommunist Marx hat den Dogmatismus nicht ausdrücklich verurteilt. Die Engels-Zitate entstanden in der Zeit nach Marxens Tod, also nach 1883, als Engels auch anderes revidierte. Zwischen 1844 und 1883 haben sie gemeinsam ein Dogmengebäude errichtet, zumindest sind viele ihrer Thesen streng apodiktisch formuliert, wurden als „Gesetz“ ausgegeben.

So äußerte beispielsweise Engels am offenen Grab von Marx: „Wie Darwin das Gesetz der Entwicklung der organischen Natur, so entdeckte Marx das Entwicklungsgesetz der menschlichen Geschichte . . .“[11] Das war aber nicht nur eine der üblichen Grabelogen, vielmehr hat er diese „Verdienste“ auch später noch mit ähnlichen Worten gepriesen: „Es war gerade Marx, der das große Bewegungsgesetz der Geschichte zuerst entdeckt hatte, das Gesetz, wonach alle geschichtlichen Kämpfe, ob sie auf politischem, religiösem, philosophischem oder sonst ideologischem Gebiet vor sich gehn, in der Tat nur der mehr oder weniger deutliche Ausdruck von Kämpfen gesellschaftlicher Klassen sind, und daß die Existenz und damit auch die Kollisionen dieser Klassen wieder bedingt sind durch den Entwicklungsgrad ihrer ökonomischen Lage, durch die Art und Weise ihrer Produktion und ihres dadurch bedingten Austausches. Dieses Gesetz, das für die Geschichte dieselbe Bedeutung hat wie das Gesetz von der Verwandlung der Energie für die Naturwissenschaft – dieses Gesetz gab ihm . . . den Schlüssel zum Verständnis der Geschichte . . .“[12]

In seinem „Anti-Dühring“ entwickelt Engels „das Gesetz des Umschlagens von Quantität in Qualität und umgekehrt; das Gesetz von der Durchdringung der Gegensätze; das Gesetz von der Negation der Negation.“[13]

Letztlich ausschlaggebend dürfte sein, daß sie, vor die Alternative gestellt: Revolution oder konsequentes Beschreiten des in der Theorie vorgezeigten Weges – sehr wohl die Gelegenheit zur Revolution beim Schopf gepackt hätten.

Dafür ein Beispiel: Eine führende russische Sozialistin, Vera Sassulitsch, Mitbegründerin der marxistischen Gruppe „Befreiung der Arbeit“, wandte sich brieflich – knapp zwei Jahre vor seinem Tod – an Marx und bat ihn, er möge die russische Dorfgemeinde mit ihrem Kollektiveigentum an den landwirtschaftlichen Flächen in sein System einordnen, da die Meinungen unter seinen russischen Anhängern geteilt seien. Welche Schwierigkeiten sie damit Marx bereitete, geht daraus hervor, daß er vier Entwürfe verfaßte, im Schnitt um ein Vielfaches länger als das letztlich abgeschickte Antwortschreiben, in dem es einleitend heißt:

„Eine Nervenkrankheit, die mich seit zehn Jahren periodisch befällt, hat mich gehindert, früher auf Ihren Brief vom 16. Februar zu antworten. Ich bedauere, Ihnen keine bündige, für die Öffentlichkeit bestimmte Auskunft über die Frage geben zu können, die Sie an mich zu stellen mir die Ehre erwiesen haben. Es sind bereits Monate vergangen, seitdem ich dem St. Petersburger Komitee eine Arbeit über den Gegenstand versprochen habe. Dennoch hoffe ich, daß einige Zeilen genügen werden, um Sie von jedem Zweifel über das Mißverständnis hinsichtlich meiner sogenannten Theorie zu befreien.“[14]

Abschließend deutet er vorsichtig an, „daß diese Dorfgemeinde der Stützpunkt der sozialen Wiedergeburt ist; damit sie aber in diesem Sinne wirken kann, müßte man zuerst die störenden Einflüsse, die von allen Seiten auf sie einstürmen, beseitigen . . .“[15]

Der Grund für diese unschlüssige zögernde Antwort war sicherlich der, daß er einerseits sechs Jahre früher eindeutig den orthodoxen Standpunkt vertreten hatte,[16] andererseits aber in erster Linie als Revolutionär und nicht als Dogmatiker fühlte, er und sein Schaffen in Rußland den meisten Anklang gefunden hatten und er die Machtergreifung seiner Gefolgsleute unbedenklich mit der rhetorisch zu kaschierenden Preisgabe seiner Doktrinen erkauft hätte. Das heißt, der Pragmatiker Marx hätte, wie Lenin 1917, in Rußland Revolution gemacht – gegen Marx, den Theoretiker.

Die dogmatischen Fesseln, die Marx bei Abfassung seiner Antwort so sehr behinderten, hat Lenin gesprengt, als im kriegsmüden, hungernden Rußland der Boden für eine grundlegende Umgestaltung der Verhältnisse bereitet schien. Seine

Oktoberrevolution verstieß in sechsfacher Hinsicht gegen die Marx-Engelsschen Vorgaben:

a) Nach Marx vollzieht sich der revolutionäre Prozeß zunächst im Bereich der Basis, im Arbeitsleben. (Neuere historische Beispiele dafür: Der Arbeiteraufstand in der DDR 1953, die Gewerkschaftsbewegung in Polen Anfang der 80er Jahre.) Der Überbau, also die politische Ordnung, folgt nach:

„Mit der Veränderung der ökonomischen Grundlage wälzt sich der ganze ungeheuere Überbau langsamer oder rascher um."[17]

In Rußland wurde jedoch erst die Regierung (eine sozialistische unter Kerenski!) von Nichtproletariern wie Lenin gestürzt und dann mit der Änderung der Produktionsverhältnisse begonnen.

b) Nach Marx und Engels hat der sozialistischen Revolution die volle Entfaltung des Kapitalismus vorauszugehen:

„Schülerhafte Eselei! Eine radikale Revolution ist an gewisse historische Bedingungen der ökonomischen Entwicklung geknüpft. Letztere sind ihre Voraussetzungen. Sie ist also nur möglich, wo mit der kapitalistischen Produktion das industrielle Proletariat wenigstens eine bedeutende Stellung in der Volksmasse einnimmt."[18]

In Rußland war der Kapitalismus 1917 unbestrittenermaßen meilenweit von seiner vollen Entwicklung entfernt. Er war kaum über das Embryonalstadium hinausgelangt.

c) Die in industrieller Hinsicht führenden Staaten sollten als erste den Weg in den Sozialismus beschreiten. Engels zählt sie einzeln auf:

„Die kommunistische Revolution wird daher keine bloß nationale, sie wird eine in allen zivilisierten Ländern, d. h. wenigstens in England, Amerika, Frankreich und Deutschland gleichzeitig vor sich gehende Revolution sein."[19]

Ein Jahr vor seinem Tode stellt Engels bezüglich Rußland ausdrücklich fest, es befinde sich noch auf „vorkapitalistischer Stufe".[20]

d) Kein Land kann allein den Sozialismus einführen. Das folgt schon aus dem oben Zitierten und wird von Marx und Engels mehrmals mit Nachdruck betont:

„Der Kommunismus ist empirisch nur als die Tat der herrschenden Völker ‚auf einmal' und gleichzeitig möglich, was die universelle Entwicklung der Produktivkraft und den mit ihm zusammenhängenden Weltverkehr voraussetzt."[21]

Rußland hat jedoch allein sozialistische Revolution gemacht. Alle Versuche Lenins, auch andere Staaten, z. B. Ungarn und Bayern, in den Strudel der Revolution mitzureißen, mißlangen. Lenin scheint zunächst fest an das Marx-Wort geglaubt zu haben: „Es ist eine absolute Wahrheit, daß wir ohne die deutsche Revolution zugrundegehen."[22]

e) Aus dem letzten Zitat folgt auch, daß die „herrschenden Völker" zur Revolution berufen sind. Rußland stand damals aber am Abgrund der totalen Niederlage.

f) Nicht Intelligenzler, hungrige Soldaten und landlose Bauern sollten, wie es dann in Rußland gleichwohl geschah, das Pulverfaß der Revolution entzünden, sondern Proletarier.

Die revolutionstheoretischen Defizite seiner Gegenwart konnte Lenin nicht beheben. An die Zaudernden gewandt gab er daher die Losung aus: „Unsere Theorie ist kein Dogma, sondern eine *Anleitung zum Handeln.*"[23]

Auch in der folgenden Zeit hatten die moskowitischen Baumeister des Kommunismus keine Bedenken, aus gegebenem Anlaß scheinbar tragende Elemente des Lehrgebäudes auszusondern. Dazu zählt beispielsweise das marxistische Menschenbild. Nach Marx und Engels ist der Mensch im Kapitalismus zwanghaft Egoist, mit der Verwandlung der Produktionsweise, mit dem Übergang zum Sozialismus wird er geradezu naturgesetzlich notwendig zum Altruisten.

Engels: „Wir weisen demnach eine jede Zumutung zurück, uns irgendwelche Moraldogmatik als ewiges, endgültiges, fernerhin unwandelbares Gesetz aufzudrängen unter dem Vorwand, auch die moralische Welt habe ihre bleibenden Prinzipien, die über der Geschichte und den Völkerverschiedenheiten stehen. Wir behaupten dagegen, alle bisherige Moraltheorie sei das Erzeugnis, in letzter Instanz, der jedesmaligen ökonomischen Gesellschaftslage. Und wie die Gesellschaft sich bisher in Klassengegensätzen bewegte, so war die Moral stets eine Klassenmoral . . ."[24]

Marx nennt Moral ausdrücklich eine „Phrase".[25] Und beide zusammen werden besonders anschaulich, indem sie formulieren: „Die Kommunisten predigen überhaupt keine Moral . . . Sie stellen nicht die moralische Forderung an die Menschen: Liebet euch untereinander, seid keine Egoisten; sie wissen im Gegenteil sehr gut, daß der Egoismus ebenso wie die Aufopferung eine unter bestimmten Verhältnissen notwendige Form der Durchsetzung der Individuen ist."[26]

Da sich dieser Automatismus in keinem der sozialistischen Länder bewahrheitet hat, wird, entgegen Marx und Engels, durchaus Moral gepredigt, und zwar mit einer für die Menschen der pluralistischen Gesellschaft schier unvorstellbaren Intensität. Schon 1961 hat das Parteiprogramm der KPdSU ein 12-Tafel-Gesetz sozialistischer Moral verkündet. Ein Foliant von 555 Seiten, von A. F. Schischkin verfaßt, trägt den bezeichnenden Titel: „Grundlagen der marxistischen Ethik".[27]

Die Antwort auf die Frage, ob diese Klassiker des Sozialismus Dogmatiker gewesen seien, lautet demnach: Während sie jeden Dogmatismus ablehnten, erklärten sie gleichzeitig, ihre Erkenntnisse hätten die Verbindlichkeit von Gesetzen. Doch fühlten sie selbst sich nur so lange daran gebunden, als ihnen dies opportun erschien.

3. Gorbatschows „klare Weltanschauung“

Schwärmerisch behauptet Gorbatschow: „Wir verfügen über . . . eine klare Weltanschauung.“[28] Doch wenn wir in seinen Veröffentlichungen nach dem harten Kern dieser Weltanschauung Ausschau halten, ist die Ausbeute gering: Da ist das Bekenntnis zu einem amorphen Sozialismus, von dem eben schon die Rede war. Bisher hatte der marxistische Sozialismus immerhin zwei unverzichtbare Bestandteile, nämlich die Abschaffung des Privateigentums an den Produktionsmitteln und die Beseitigung der Marktwirtschaft. Doch beide Wesensmerkmale werden heute gerade von ihm in Frage gestellt, insbesondere durch die Joint Ventures,[29] die Betonung des Marktes[30] und die Reprivatisierung von landwirtschaftlichem Grund und Boden (X 2).

Radio Moskau am 7. 7. 1988: „In Prag setzt die RGW-Tagung ihre Beratung fort . . . Das Leben zwingt uns, viele früher unbestreitbare Wahrheiten von einem neuen Gesichtswinkel aus zu betrachten . . . Alle Redner heben hier hervor, daß die Weiterentwicklung der Wirtschaft der RGW-Mitgliedsländer nur dann erfolgreich sein kann, wenn den Geld-Waren-Beziehungen, den Marktgesetzen ein größeres Augenmerk entgegengebracht wird . . . Die Teilnehmer der Tagung auf Ebene der Regierungschefs haben der Herstellung offizieller Beziehungen zwischen dem RGW und der EG der kapitalistischen Staaten eine hohe Einschätzung gegeben . . .“[31]

Da ist ferner die Ablehnung des Kapitalismus. Aber auch insofern beschränkt sich Gorbatschow auf die stereotype Wiederholung des odiumbehafteten Wortes. Meint er den stets unwirklichen Kapitalismus Leninscher Spiegelfechtereien, der uns z. B. in den folgenden Zitaten entgegentritt?

„Freilich, wäre der Kapitalismus imstande, die Landwirtschaft zu entwickeln, die jetzt überall weit hinter der Industrie zurückgeblieben ist, könnte er die Lebenshaltung der Massen der Bevölkerung heben, die trotz des schwindelerregenden technischen Fortschritts überall ein Hunger- und Bettlerdasein fristet – dann könnte von einem Kapitalüberschuß nicht die Rede sein. Und das ist auch das ‚Argument‘, das allgemein von kleinbürgerlichen Kritikern des Kapitalismus vorgebracht wird. Aber dann wäre der Kapitalismus nicht Kapitalismus, denn die Ungleichmäßigkeit der Entwicklung wie das Hungerdasein der Massen sind wesentliche, unvermeidliche Bedingungen und Voraussetzungen dieser Produktionsweise.“[32]

„Mit anderen Worten: Im Kapitalismus haben wir den Staat im eigentlichen Sinne des Wortes, eine besondere Maschine zur Unterdrückung einer Klasse durch eine andere, und zwar der Mehrheit durch eine Minderheit. Damit eine solche Sache wie die systematische Unterdrückung der Mehrheit der Ausgebeuteten durch die Minderheit der Ausbeuter erfolgreich ist, bedarf es natürlich der größten Grausamkeiten bestialischer Unterdrückung, sind Meere von Blut nötig, durch die denn auch die Menschheit im Zustand der Sklaverei, der Leibeigenschaft und der Lohnarbeit ihren Weg geht.“[33]

Diese Kapitalismusschimären haben längst ihre Glaubwürdigkeit eingebüßt. In der ersten Ausgabe des russischen Lehrbuchs der Politökonomie, im Jahre 1954, wurde noch an der von Marx behaupteten absoluten Verelendung der Massen festgehalten. Die Ende 1959 erschienenen „Grundlagen des Marxismus-Leninismus“ erklärten schon, es handle sich nicht um ein Gesetz und auch nicht um einen Prozeß, sondern lediglich um eine „Tendenz“ des Kapitalismus.

Seit 1964 heißt es: „Nur Verleumder und Verfälscher können behaupten, nach der Theorie von Marx und Engels müsse der Lebensstandard der Arbeiter aller kapitalistischen Länder heute niedriger sein als, sagen wir, zu Anfang des 20. Jahrhunderts.“[34]

Oder meint Gorbatschow mit „Kapitalismus“ die soziale Marktwirtschaft, deren wesentliche Bestandteile, wie Eigeninitiative, Marktmechanismus und Leistungsprinzip, ganz oder teilweise in die „sozialistische“ Wirtschaftsordnung integriert wurden oder werden sollen?[35]

4. Das Bekenntnis zum dialektischen Materialismus

Da ist schließlich das allgegenwärtige Bekenntnis zum dialektischen Denken, zur marxistisch-leninistischen Dialektik:

„Die Werke Lenins und seine sozialistischen Ideale blieben für uns eine unerschöpfliche Quelle kreativen dialektischen Denkens . . .“[36]

„Die Lenin-Ära ist in der Tat sehr wichtig. Sie ist darin besonders lehrreich, daß sie die Stärke der marxistisch-leninistischen Dialektik unter Beweis stellt . . .“[37]

„Hätte er [Lenin] das nicht getan, so hätte man die Erfolge, die man durch den Sturz der Autokratie errungen hatte, möglicherweise wieder eingebüßt. Diese Änderung der Taktik kam für viele gestandene Bolschewisten überraschend. Dies ist die Art dialektischen politischen Denkens, die wir uns aneignen, während wir die Perestrojka durchführen.“[38]

„Die politische Ökonomie des Sozialismus ist überfrachtet mit alten Konzepten und steht nicht mehr im Einklang mit der Dialektik des wirklichen Lebens.“[39]

Was offenbart uns die marxistisch-leninistische Dialektik? Die Meinungen darüber widersprechen sich auf das schärfste. Den einen ist sie das Höchste, was menschlicher Geist je geschaut, den anderen dummes Zeug, Spiegelfechterei, eine Trickkiste für Demagogen und falsche Propheten.[40]

Marx, Engels und Lenin haben, wie sie betonen, ihre Dialektik von Hegel übernommen, aber gänzlich umgekrempelt, „vom Kopf auf die Füße gestellt".

Am 18. Oktober 1827 unterhielten sich Goethe und Hegel. Goethe brachte das Gespräch auf die Dialektik. „Es ist im Grunde weiter nichts", sagte Hegel, „als der geregelte, methodisch ausgebildete Widerspruchsgeist, der jedem innewohnt, und welche Gabe sich groß erweist in Unterscheidung des Wahren vom Falschen." „Wenn nur", erwiderte Goethe, „solche geistigen Künste und Gewandtheiten nicht häufig mißbraucht und dazu verwendet würden, um das Falsche wahr und das Wahre falsch zu machen!" „Dergleichen geschieht wohl", räumte Hegel ein, „aber nur von Leuten, die geistig krank sind."[41]

Ob Hegel wirklich seine innerste Überzeugung ausgesprochen, seine Dialektik auf das „Weiter nichts" reduziert hat, erscheint fraglich. Sicher hingegen ist, daß *diese* Dialektik keine selbständige Wissenschaft, sondern eine Selbstverständlichkeit für jeden Wissenschaftler ist.

Die materialistische Dialektik hat damit nichts gemein. Im Gegenteil, der Pluralismus wird ausdrücklich verworfen. Im parteiamtlichen Lehrbuch der Dialektik heißt es: „Jede Forderung nach ‚Pluralität', nach Koexistenz mehrerer Weltanschauungen innerhalb der Arbeiterklasse ist reaktionär, widerspricht den objektiv bedingten Klasseninteressen der Arbeiter und den wissenschaftlichen Prinzipien der marxistisch-leninistischen Theorie."[42]

Niemand hat treffender und glaubwürdiger das Wesen der marxistischen Dialektik entschleiert als Marx in einem Brief an Engels: „Es ist möglich, daß ich mich blamiere. Indes ist dann immer mit einiger Dialektik wieder zu helfen. Ich habe natürlich meine Aufstellungen so gehalten, daß ich im umgekehrten Fall auch recht habe."[43]

Gorbatschow beschreibt recht anschaulich den Dialektiker Lenin und das Wesen dieser Dialektik: Lenin „wußte, wie man die Parolen ändern mußte, wenn es das Leben erforderte. Nie machte er sich zum Sklaven einmal gefaßter Beschlüsse."[44]

„Man kann sagen, die Leninschen Gedankengänge selbst, die gesamte Tätigkeit der Bolschewiki . . . liefern ein mustergültiges Beispiel für antidogmatisches, wahrhaft dialektisches und somit Neues Denken. So und nicht anders denken und handeln die echten Marxisten-Leninisten, insbesondere in kritischen Umbruchszeiten, in denen die Geschicke der Revolution und der Welt, des Sozialismus und des Fortschritts entschieden werden."[45]

Ja, Lenin änderte seine Parolen nach Bedarf, und deshalb kann mit Lenin alles bewiesen und alles widerlegt werden. Insofern gleicht er aufs Haar seinem Vorbild Marx, von dem ein namhafter deutscher Gelehrter sagt: „Wenn man sich für irgendeine Aussage auf Marx beruft und einen Beleg aus Marx dafür beibringt, muß man darauf gefaßt sein, daß einem ein anderer Marxtext entgegengehalten wird."[46]

Genau das gleiche gilt für Lenin. Alle Vorgänger von Gorbatschow, beginnend mit Stalin, haben sich auf Lenin berufen. Und jeder Nachfolger hat seinem Vorgänger Irrtümer „nachgewiesen". Fand man keine ganzen Sätze, um die eigenen Thesen mit Lenin zu untermauern, wie Chruschtschow bei der Suche nach „friedlicher Koexistenz" in Lenins Werken, so fanden sich zumindest passende Satzteile. Der Konflikt zwischen Stalin und Tito wurde von beiden Seiten mit Leninzitaten bestritten! Ein Kinderspiel also, selbst Gorbatschows Perestrojka, die doch angeblich ganz dem Geiste Lenins entspringt, mit Lenintexten zu konterkarieren:

In seiner auch von Gorbatschow zitierten Rede auf dem 9. Sowjetkongreß am 23. Dezember 1921 äußerte Lenin zu dem Schlüsselwort des 28. Parteitages der KPdSU, nämlich Umgestaltung, Perestrojka, folgendes: „Hört endlich auf zu schwätzen . . . Uns hat die Geschichte jetzt die Aufgabe gestellt, den großen politischen Umsturz durch eine langsame, schwere, mühselige, ökonomische Arbeit zu vollenden, deren Fristen recht lang bemessen sind. Es gilt, diesen Umsturz zu verarbeiten, ihn ins Leben umzusetzen, ohne sich damit herauszureden, daß die Sowjetordnung schlecht sei und daß man sie umgestalten müsse. Es gibt bei uns schrecklich viele Leute, die auf Umgestaltungen jedweder Art versessen sind, und durch diese Umgestaltungen wird so großes Unheil angerichtet, wie ich es in meinem ganzen Leben nicht kennengelernt habe. Daß es bei uns im Apparat . . . Mängel gibt, weiß ich ausgezeichnet . . . Aber es geht nicht darum, den Apparat durch eine schnelle Organisation zu verbessern, sondern darum, daß dieser politische Umsturz verarbeitet werden muß, damit in Kultur und Wirtschaft ein neues Niveau erreicht wird. Darauf kommt es an. Nicht umgestalten [perestraivat], sondern im Gegenteil helfen soll man, die zahlreichen Mängel zu beseitigen, die es in der Sowjetordnung im ganzen Verwaltungssystem gibt . . ."[47]

Gorbatschows ideologischer Spielraum ist also dialektisch abgesteckt. Ebenso mühelos, wie er alle seine Schritte auf meist nicht nachprüfbare angebliche Leninäußerungen setzt, ebenso mühelos und nicht minder solide läßt sich der Verrat an Lenin konstruieren.

Erinnert sei ferner an die zahlreichen Widersprüche, die sich in den Werken der Klassiker des Kommunismus, Gorbatschow nicht ausgenommen (siehe I 3), finden.

Helmut Dahm, dieser profunde Kenner der Sowjetideologie, analysiert die Zweckhaftigkeit dieser Widersprüche wie folgt:

„Von den zwei gegensätzlichen Gliedaussagen eines dialektischen Urteils dient die erste Aussage der scheinbar praktischen Vernunft (z. B. die zwei tief getrennten Welten des Kapitalismus und des Sozialismus/Kommunismus müssen zur Lösung der vordringlichsten allgemeinmenschlichen Aufgaben zusammenwirken) für Außenstehende dazu, um die zweite Aussage der Ideologie zu verharmlosen. Hingegen macht die zweite, ideologisch bestimmte Aussage (z. B. die Bewegung der Menschheit zum Sozialismus und Kommunismus ist unaufhaltsam) für die Innenstehenden – damit sie nicht auf falsche Gedanken kommen – unmißverständlich klar, daß die in ihr festgestellte Position sich im *Kampf der Gegensätze* behaupten und letztendlich durchsetzen wird."[48]

5. Der dialektische Höhepunkt

Gorbatschow versteht es meisterlich, unbedarfte Hörer oder Leser für sich einzunehmen. Hier ein besonders schönes Exempel:

„Wir wollen darüber hinaus zur wahren, ursprünglichen Bedeutung der Wörter zurückkehren, die wir bei internationalen Kontakten verwenden. Wenn wir erklären, daß wir einer offenen und ehrlichen Politik verpflichtet sind, dann meinen wir damit auch Aufrichtigkeit, Anständigkeit und Ehrlichkeit und halten uns in unserem Handeln an diese Prinzipien."[49]

Doch dann kommt, wie üblich, die dialektische Contradictio: „Für sich genommen, sind diese Prinzipien nicht neu – wir haben sie von Lenin geerbt."[50] Wer diesen Zusatz außer acht läßt, ist zunächst begeistert, wird sich dann aber, wenn er die Materie kennt, folgender Ungereimtheiten bewußt: Gorbatschow, wie seine Vorgänger, gebraucht ein Vokabular, das uns geläufig ist, aber in den Staaten des realen Sozialismus teilweise oder zur Gänze etwas anderes bedeutet als dort, wo diese Worte und Begriffe Gestalt angenommen haben. Warum der affirmative Gebrauch von „Menschenrechte“, „Grundrechte“, „Menschenwürde“, „Freiheit“, „Pluralismus“, „Gleichheit“, „Selbstbestimmungsrecht“, „Rechtsstaat“, „Demokratie“, wenn man nicht falsche, unberechtigte Hoffnungen wecken möchte? Das Durcheinanderwerfen, griechisch „diaballein“, der Worte und Begriffe ist das Wesen des Diabolus, ist teuflisch.

Die Methode des Eindringens in bislang weitgehend feste Begriffe, um durch Verwirrung zu siegen, ist ein alter demagogischer Trick.

Goebbels berichtet in seinen Tagebuchnotizen, Hitler habe sich „mit Leidenschaft“ dagegen verwahrt, „Religionsstifter zu spielen“. Denn: „Am besten erledigt man die Kirchen, wenn man sich selbst als positiven Christen ausgibt“, – daher im Parteiprogramm Bekenntnis zum „positiven Christentum“. Die Parole „Partei gegen Christentum“, mit der Rosenberg, Himmler, Darré antraten, hielt Hitler für gänzlich ungeschickt, „. . . sondern müssen uns als die einzig wahren Christen deklarieren“.

Nur so sei die Sache aussichtsreich: „Christentum heißt die Parole zur Vernichtung der Pfaffen, wie einstmals Sozialismus zur Vernichtung der marxistischen Bonzen.“[51]

Fassen wir zusammen:

Gorbatschow, der die Klaviatur der Dialektik meisterhaft beherrscht, wird dank seiner zahllosen Widersprüche immer recht behalten, solange er an der Macht ist. Nicht nur Solschenizyn, sondern zahlreiche andere Persönlichkeiten von ähnlichem Gewicht teilen die Auffassung Kolakowskis: „In den kommunistischen Ländern Europas ist die kommunistische Ideologie praktisch tot, in dem Sinne, daß niemand, weder die Herrschenden noch die Beherrschten, sie noch ernst nimmt."[52]

Die „ungläubigen" Heuchler werden Gorbatschow nicht wegen irgendwelcher ideologischer Häresien steinigen, vielmehr nur und erst dann, wenn sie den Erhalt ihrer Klasse gefährdet sehen.

IV Der „sozialistische Rechtsstaat“[1]

1. Gorbatschows „Rechtsstaat“ à la Lenin

„Wir wollen von Ihnen Rechtsstaatlichkeit lernen!“ – beteuerte Professor Viktor Tchkhikvadzé, Mitglied der Sowjetischen Akademie der Wissenschaften, als er im Frühjahr 1988 in der Bundesrepublik Deutschland zu Besuch weilte. Ja, Gorbatschow hat nicht nur die Kultursprachen der Welt mit „Glasnost“ und „Perestrojka“ angereichert, er hat in seiner Muttersprache den „Rechtsstaat“ salonfähig gemacht, der bisher als bourgeoiser Bastard ein verächtliches Aschenputteldasein fristen mußte. Ein sozialistischer Rechtsstaat solle aufgebaut werden, heißt es in den Thesen des sowjetischen ZK zur 19. Parteikonferenz. Gorbatschow selbst sprach von der „Vollendung des sozialistischen Rechtsstaats“.[2]

„Die Wahrung des Rechts – ein unverzichtbares Element des Sozialismus“ – lautet ein Kapitel in Gorbatschows „Perestrojka“. Wie so typisch für Gorbatschow, finden sich darin Sätze, die geradezu unseren spontanen Beifall auslösen, zugleich aber auch Sätze, dunkel, widerspruchsvoll, doppelbödig, dialektisch.

Mögen Verfassungsrechtler ein wenig die Stirn runzeln, das Gros der Demokraten spendet Beifall, wenn es heißt: „Es kann keine Wahrung des Rechts ohne Demokratie geben. Ebensowenig kann Demokratie Bestand haben und sich entwickeln ohne die Herrschaft der Gesetze, denn die Gesetze sind dazu da, die Gesellschaft vor Machtmißbrauch zu schützen und die Rechte und Freiheiten der Bürger, ihrer Arbeitskollektive und Organisationen zu garantieren.“[3]

Pfiffe verdienen die folgenden Sätze: „Schon in den Anfängen der sowjetischen Herrschaft maßen Lenin und die Partei der Aufrechterhaltung und Verankerung des Rechts überragende Bedeutung zu."[4]

Lenin und Rechtsstaat ist wie Hitler und Judentum. Als Lenin das Buch seines maßgebenden Parteitheoretikers Bucharin „Ökonomie der Übergangsperiode" las, schrieb er „ganz richtig" unter die folgenden Sätze, nachdem er sie am Rande mit drei Längsstrichen hervorgehoben hatte: „So paradox es klingen mag: Von einer höheren Warte aus scheint der proletarische Zwang in allen seinen Formen, angefangen mit Erschießungen und endend mit Arbeitspflicht, als Methode, aus dem Menschenmaterial der kapitalistischen Epoche die kommunistische Menschheit herauszuarbeiten."[5] Und an das Ende des Kapitels über die außenwirtschaftlichen Zwangsmaßnahmen notierte er: „Dieses Kapitel ist hervorragend!"

Die Juden unter Hitler mußten nicht nur gesetzlose Willkür erdulden, sondern auch völlig legale, z. B. durch das „Gesetz zur Wiederherstellung des Berufsbeamtentums". Weder Lenin noch Hitler wollten ganz auf Gesetzlichkeit verzichten, im Gegenteil. Auch das „Recht" war für sie ein Herrschaftsinstrument: „Die wichtigste Macht des Proletariats in der Revolution bildet seine Diktatur, der ausreichende Streitkräfte und Repressionsorgane zur Verfügung stehen." „Die Diktatur ist für die Übergangsperiode vom Kapitalismus zum Kommunismus objektiv notwendig . . . Die Diktatur des Proletariats ist ein hartnäckiger Kampf, blutig und unblutig, gewaltsam und friedlich, kriegsmäßig und wirtschaftlich, pädagogisch und administrativ gegen die Kräfte und Traditionen der alten Gesellschaft."[6]

Gorbatschow wird ganz konkret: „Wir mußten das neue Regierungssystem festigen, das Privateigentum an Produktionsmitteln abschaffen, den Boden verstaatlichen, die Kontrolle über die Produktion in die Hände der Werktätigen legen und die Interessen der Arbeiter und Bauern gegen die Konterrevolution verteidigen."[7] Hier zeigt sich das Wesen des „sozialistischen Rechts": Es kann geben und nehmen, was und wie es will. Wohlerworbene Rechte einerseits, Schranken für die Staatsgewalt andererseits gibt es nicht. Der Boden, so heißt es, wurde verstaatlicht, und gleichzeitig: Die Interessen der Bauern wurden verteidigt. Diese Betrachtungsweise offenbart nicht nur die Allmacht des „sozialistischen Rechts", sondern zugleich die Allmacht des totalitären Staates, der auch die Sprache beherrscht und diktiert, indem die Zwangskollektivierung als Beglückung der Bauern zelebriert werden muß.

Wenn Gorbatschow die rechtlichen Zustände unter Lenin wieder aufleben lassen möchte, warum besinnt er sich dann auf das bislang verpönte bourgeoise Wort „Rechtsstaat"? Soll mit „Rechtsstaat" das gleiche geschehen wie mit „Demokratie", „Grundrechte", „Menschenrechte", „Freiheit", „Gleichheit"? Soll die abendländische Staats- und Rechtstheorie immer mehr zu einem babylonischen Turm verkümmern, indem alle traditionsbefrachteten Schlüsselbegriffe mit gegensätzlichen Bedeutungen gefüllt werden, um im trüben sinnentleerter Worte nach politischen Erfolgen zu fischen?

2. Der bürgerliche Rechtsstaatsbegriff

Das Wort „Rechtsstaat" ist urkundlich nachweisbar seit dem Ausgang des 18. Jahrhunderts. Es hat Anklang gefunden, so daß der berühmt-berüchtigte Staatsrechtslehrer der Weimarer wie der NS-Zeit Carl Schmitt glaubte feststellen zu können: „Es gibt Dutzende und Aberdutzende Rechtsstaaten, einen feudalen, einen ständischen, einen feudal-ständischen, einen rein bürgerlichen, einen liberal-demokratischen, einen sozialen, einen national-liberalen, einen faschistischen usw. Rechtsstaat."[8]

Soll nun diese unverbindliche, nichtssagende Litanei noch mit dem „sozialistischen Rechtsstaat“ angereichert werden? Der Schein trügt. Mag auch das Wort „Rechtsstaat“ häufig mißbraucht worden sein, so gibt es doch in der westlichen Welt einen historisch legitimierten Rechtsstaatsbegriff mit klaren Konturen, der sich wachsender Zustimmung erfreut. Rechtsstaat ist nicht jeder Staat, in dem es Recht gibt, denn jeder Staat hat eine Rechtsordnung. Typisch für den Rechtsstaat, im Englischen constitutional state, französisch état constitutionnel, sind folgende Merkmale:

a) Primat des Rechts

Das Recht gilt; es ist für alle Angesprochenen verbindlich, bis es auf die vorgeschriebene Weise abgeschafft oder geändert wird. Auch dem Gesetzgeber sind dabei die Hände gebunden, so z. B. durch die Verfahrensvorschriften und andere nicht oder nur mit qualifizierter Mehrheit änderbare Normen.

b) Gewaltenteilung

Sie soll den Machtmißbrauch verhindern. „Macht“ kann zur Versuchung werden, der am besten durch die Aufteilung der Macht auf verschiedene Institutionen und Personen entgegengewirkt wird. Zu denken ist dabei nicht nur an Parlament, Regierung, Gerichtsbarkeit, sondern auch, im Bundesstaat, an die Aufteilung der Macht zwischen den Bundes- und den Landeseinrichtungen.

c) Persönlich und sachlich unabhängige Richter

Persönlich meint, daß die Richter eine sichere Position innehaben, insbesondere garantierte, angemessene Besoldung auf Lebenszeit. Sachlich unabhängig ist der Richter dann, wenn er bei seinen Entscheidungen nur an Gesetz und Recht gebunden, keinen Weisungen von Parlament, Regierung oder Partei unterworfen ist.

d) Allzuständigkeit der Gerichte

Dieses Postulat ist auch in den Staaten der westlichen Welt noch nicht allgemein verwirklicht. Aber die Tendenz geht in diese Richtung. Insofern vorbildlich ist das Grundgesetz (Art. 19 Abs. 4), wonach jedem, der durch die öffentliche Gewalt in seinen Rechten verletzt wird, der Rechtsweg offensteht.

3. Systemvergleich

Mit diesen rechtsstaatlichen Geboten konnten sich die sozialistischen Staaten nie anfreunden. Doch anders als die Sowjetunion hat die DDR zeitweilig durchaus mit dem Wort Rechtsstaat kokettiert, bis es, offenbar auf höchsten Befehl, über Nacht wieder aus dem politisch-rechtlichen Vokabular verschwand.[9] Erst Gorbatschow hat „Rechtsstaat“ in der DDR wieder salonfähig gemacht.

Fragen wir zunächst nach dem Ist-Zustand, indem wir die eben aufgeführten vier Merkmale als Prüfsteine verwenden. Die Sowjetunion wie auch die DDR haben insofern ihren „sozialistischen Klassikern“ die Treue gehalten.

a) Primat der Partei

Das Recht ist im sozialistischen Denken etwas Sekundäres. Das geschichtlich Notwendige, der Fortschritt legitimiert das Recht. Dem Fortschritt entgegenstehende Normen sind unbeachtlich. Daher haben Sozialisten das Gesetz nur so lange zu beachten, wie es ihnen als den berufenen Interpreten des Willens der Geschichte tunlich erscheint. Das war schon die Auffassung von Marx und Engels.

Marx: „Wir haben es nie verheimlicht. Unser Boden ist nicht der Rechtsboden, es ist der revolutionäre Boden.“[10]

Engels gibt dem gleichen Gedanken folgende Fassung: „Gesetzlichkeit so lange und so weit sie uns paßt, aber keine Gesetzlichkeit um jeden Preis, selbst nicht in der Phrase!“[11] Besonders anschaulich, wiederum Engels, mit Blick auf eine konkrete historische Situation: „Mit demselben Recht, mit dem die Franzosen Flandern, Lothringen und Elsaß genommen haben und Belgien früher oder später nehmen werden, mit demselben Recht nimmt Deutschland Schleswig, mit dem Recht der Zivilisation gegen die Barbarei, des Fortschritts gegen die Stabilität. Und selbst wenn die Verträge für Dänemark wären – was noch sehr zweifelhaft ist –, dies Recht gilt mehr als alle Verträge, weil es das Recht der geschichtlichen Entwicklung ist.“[12]

Nach allem, was wir von Lenin wissen, war für ihn das Recht eine Knute in der Hand der Mächtigen, nicht aber eine Fessel, um ihre Macht zu bändigen.

b) Gewaltenkonzentration

Gewaltenteilung wird von den sozialistischen Staaten ausdrücklich verworfen, und Gewalteneinheit seit der Machtübernahme Lenins praktiziert. Auch insofern ist man gut marxistisch:

Marx: „Sind denn diese Herren wirklich so töricht zu glauben, man könne das deutsche Volk aus den Stürmen des Jahres 1848, aus dem täglich drohender hereinbrechenden Einsturz aller historisch überlieferten Institutionen hinausführen mit der wurmstichigen Montesquieu-Delolmeschen-Teilung der Gewalten, mit abgetragenen Phrasen und längst durchschauten Fiktionen!“[13]

Engels: „Betrachten wir jetzt den Grund, den eigentlichen praktischen Grund dieser bemoosten Weisheit, dieser ganzen Montesquieuschen Teilungstheorie.“[14]

Nochmals Marx: „Hier haben wir den alten Verfassungsunsinn. Die Voraussetzung für eine ‚freie Regierung‘ ist nicht die Trennung, sondern die Einheit der Gewalten.“[15]

c) Parteiliche Richter

Persönliche Unabhängigkeit wird den Richtern in den sozialistischen Staaten nicht nur nicht garantiert, sie wird ihnen ausdrücklich abgesprochen. Auch insofern fußen die Gegebenheiten auf den authentischen theoretischen Vorgaben. Marx beschreibt die Pariser Commune, aber nicht so sehr, um Tatsachen zu berichten, als vielmehr eine exemplarische Ausschmückung der ersten, langersehnten, langverheißenen „Diktatur des Proletariats“ zu bieten:

„Die richterlichen Beamten verloren jene scheinbare Unabhängigkeit, die nur dazu gedient hatte, ihre Unterwürfigkeit unter alle aufeinanderfolgenden Regierungen zu verdecken, deren jeder sie, der Reihe nach, den Eid der Treue geschworen und gebrochen hatten. Wie alle übrigen öffentlichen Diener, sollten sie fernerhin gewählt, verantwortlich und absetzbar sein.“[16]

„Gegen diese in allen bisherigen Staaten unumgängliche Verwandlung des Staates und der Staatsorgane aus Dienern der Gesellschaft in Herren der Gesellschaft wandte die Kommune zwei unfehlbare Mittel an. Erstens besetzte sie alle Stellen, verwaltende, richtende, lehrende, durch Wahl nach allgemeinem Stimmrecht der Beteiligten, und zwar auf jederzeitigen Widerruf durch dieselben Beteiligten.“[17]

Die *sachliche* Unabhängigkeit ist zwar Verfassungsgebot (Art. 155 Verfassung SU), aber diese „Unabhängigkeit“ ist auf mannigfache Weise ausgehöhlt, so schon durch die persönliche Abhängigkeit, die es jedem Richter geraten erscheinen läßt, sich die Gunst seiner „Wähler“ zu erhalten, um nicht abgesetzt, um wiedergewählt zu werden. Gänzlich unvereinbar mit der sachlichen Unabhängigkeit ist die Verpflichtung zur Parteilichkeit. Sie ist Gebot für jedermann, insbesondere alle Geistesschaffenden, also auch die Richter. Die große Sowjetenzyklopädie stellt fest: „In der marxistisch-leninistischen Lehre vereinigt die Parteilichkeit organisch die tatsächliche wissenschaftliche Analyse der Wirklichkeit mit der konsequenten Verteidigung der Interessen des Proletariats."[18]

„,Telefonrecht' ... nennt man in der UdSSR – und sogar in der Sowjetpresse – die Praktiken des Parteiapparates, ,unabhängigen' Richtern und Staatsanwälten telefonische Weisungen zu geben. Das ,Telefonrecht' hat mit den Gesetzen nichts zu tun, aber gerade nach diesem ,Recht' werden Fragen entschieden und Gerichtsurteile gefällt."[19]

d) Von Allzuständigkeit kann ebenfalls keine Rede sein, vielmehr bildet der gerichtliche Rechtsschutz die große Ausnahme. Es gibt keine Verfassungsgerichtsbarkeit, keine Verwaltungsgerichtsbarkeit, keine Sozialgerichtsbarkeit und keine Finanzgerichtsbarkeit.

4. Gorbatschows Justizreform

„Eine ganze Reihe wichtiger Gesetzesmaßnahmen wurden im Verlauf der Perestroika bereits verabschiedet ...", schreibt Gorbatschow. „Besondere Aufmerksamkeit widmen wir der Aufgabe, die Garantien für die Rechte und Freiheiten des sowjetischen Volkes zu festigen ... Ferner wurde ein Gesetz verabschiedet, das es Bürgern ermöglicht, gegen widerrechtliche Handlungen von Beamten, die gegen die Bürgerrechte verstoßen, bei Gericht Beschwerde einzulegen."[20]

„Rechtsstaat" ist kein geschütztes Markenzeichen, und daher bleibt es jedermann unbenommen, ob er einen Staat Rechtsstaat nennt oder nicht. So vertrat der schon erwähnte Carl Schmitt 1934 die Auffassung, daß der „nationalsozialistische Staat zweifellos ein musterhafter Rechtsstaat" sei.[21] Welche Kriterien den „sozialistischen Rechtsstaat" auszeichnen, darüber werden sich in Bälde sowjetische Verfassungsrechtler äußern. Da Gorbatschow für sein juristisches Reformprogramm auf ein in der freien Welt gewachsenes und beheimatetes Wort zurückgreift, fragen wir uns, ob insoweit mit einer Annäherung des östlichen Standpunkts zu rechnen sei. Besinnen wir uns auf die historisch gewachsenen Merkmale der Rechtsstaatlichkeit:

a) Partei und Recht

Die Suprematie der Partei über Staat und Recht ist bis heute nicht erschüttert. Ob Gorbatschow insofern eine nennenswerte Änderung beabsichtigt, ist sehr fraglich. Fraglich auch, ob er dazu stark genug wäre.

b) Gewaltenkonzentration

Entsprechendes gilt für Gewaltenkonzentration. Will er, kann er die dogmatischen Vorgaben sprengen? Zunächst hat Gorbatschow, wie alle bedeutsamen Vorgänger, seine eigene Macht durch Ämterbündelung hochgeschraubt. Weitere Kompetenzen steuert er an, was Sacharow zu dem Aufschrei veranlaßte: „Ein Staatschef mit solcher Macht in einem Lande, das kein Mehrparteiensystem hat, das ist Wahnsinn. Heute ist es Gorbatschow, aber morgen kann es ein anderer sein. Es gibt keine Garantien, daß ihm nicht irgendein Stalinist folgt.“[22]

c) Die Richter

Was die Rechtsstellung der Richter anlangt, so ist eine Verbesserung feststellbar, aber nicht erst seit Gorbatschow. Der Vorschlag wird erörtert, die Wahlperiode der Richter von fünf auf zehn Jahre zu verlängern.[23] Aber sind derlei Kleinstreformen überhaupt bemerkenswert?

Je hunderttausend Einwohner gibt es in der Sowjetunion 35 Jurastudenten, in der Bundesrepublik 139. Das Mißverhältnis war früher noch größer. „Indessen scheint man bei der Ausbildung mehr auf Quantität als auf Qualität geachtet zu haben. In der Sitzung wurde beklagt, daß von dieser beeindrukkenden Zahl nur 29 Prozent ein normales Studium absolvieren, während 56 Prozent nur im Fernstudium und 15 Prozent im Abendstudium studieren."[24]

d) Keine Verwaltungsgerichtsbarkeit, aber gerichtliche Verwaltungskontrolle

Einen Stern hat sich Gorbatschow an die Brust geheftet in Gestalt eines „epochalen" Gesetzes. Es betrifft das Verfahren der gerichtlichen Anfechtung rechtswidriger und die Rechte der Bürger verletzender Handlungen von Amtspersonen. Am 30. Juni 1987 hat es der Oberste Sowjet verabschiedet. Doch auch insofern ist Gorbatschow nicht der Auslöser, vielmehr erfüllt das Gesetz nur eine Zusage, die bereits mit Artikel 58 Abs. 2 VerfSU vom Oktober 1977 gemacht worden ist. Das Gesetz umfaßt ganze 12 Artikel, die in etwa vergleichbare bundesdeutsche Verwaltungsgerichtsordnung ca. 200.

Die Präambel des Gesetzes klingt recht verheißungsvoll:
„Die Bürger der UdSSR besitzen die ganze Fülle sozialökonomischer, politischer und persönlicher Rechte und Freiheiten, welche von der Verfassung der UdSSR und den sowjetischen Gesetzen verkündet und garantiert werden. Die Persönlichkeit der Bürger zu achten und ihre Rechte und Freiheiten zu schützen, ist die Pflicht aller staatlichen Organe, gesellschaftlichen Organisationen und Amtspersonen."

Doch zeigt schon eine knappe Analyse, „daß die praktische Bedeutung des neuen Gesetzes unbeträchtlich ist, allzumal das Beschwerdeverfahren im Sinne des neuen Gesetzes in Sachen, die mit der Landesverteidigung und Staatssicherheit zusammenhängen, nicht angewendet werden darf".[25] Weitere Mängel sind: Nur Handlungen einzelner Beamter, nicht jedoch von Kollegialorganen können angefochten werden. Da aber viele lebenswichtige Entscheidungen von Gremien getroffen werden, z. B. Festsetzung der Rente und anderer Sozialleistungen, Reiseerlaubnisse, ist der so gebotene Schutz von bemerkenswerter Dürftigkeit. Andererseits sehen Fachleute in diesem Gesetz eine stillschweigende Preisgabe der „Prinzipien der Gewalteneinheit und der Übereinstimmung der gesellschaftlichen und individuellen Interessen“.[26]

Ob mit diesem Gesetz der Partei eine Perle aus der Krone fällt, ist fragwürdig. Die Krone selbst verliert sie nicht. Allein schon dadurch, daß ein Kollegialorgan an die Stelle eines einzelnen tritt, kann der Gerichtsweg verbaut werden. Daher sind die international anerkannten Menschenrechte ein weit besserer Prüfstein für die Frage, ob sich im Rechtsbereich der Sowjetunion ein grundlegender Wandel vollzieht.

V Menschenrechte

Das Grundgesetz für die Bundesrepublik Deutschland und die Verfassung der Sowjetunion haben u. a. gemeinsam, daß jeweils an *einer* Stelle von den Menschenrechten die Rede ist. Im Grundgesetz heißt es im ersten Artikel, nachdem zunächst die Würde aller Menschen herausgestellt wird: „Das deutsche Volk bekennt sich daher zu unverletzlichen und unveräußerlichen Menschenrechten . . .“ In der Verfassung der Sowjetunion ist es Art. 28, wo von der „Achtung der Menschenrechte“ die Rede ist.

Dieser Artikel befindet sich nicht in dem Kapitel über „Die Grundrechte . . .“, sondern in dem Kapitel über „Die Außenpolitik“. Schon das allein spricht Bände. Und um es vorwegzunehmen: Menschenrechte, wie sie das Grundgesetz definiert, können in einem marxistisch-leninistischen Staat keine Heimstatt finden. Diese Ideologie verneint sie kategorisch. Bevor dafür der Nachweis angetreten wird (1.), sei jedoch darauf hingewiesen, daß „Menschenrechte“ auch eine Bezugnahme auf die sogenannten Rechte zahlreicher internationaler Erklärungen sein kann (2.). Daneben gibt es die Grundrechte der einzelnen Landesverfassungen (3.). Diese drei Kategorien sind begrifflich streng zu unterscheiden. Auch wer beispielsweise vor- und überstaatliche Rechte leugnet, kann die „Internationale Konvention über bürgerliche und politische Rechte“ voll respektieren, erst recht die innerstaatlichen Grundrechte.

1. Der Marxismus-Leninismus und die Menschenrechte

Die Plünderung unseres Sprachschatzes, schon im Zusammenhang mit „Rechtsstaat“ angedeutet, ist mit Blick auf

„Menschenrechte" eine vollendete Tatsache. Nachdem zunächst die Idee der Menschenrechte verspottet worden war, besann man sich eines Besseren und gab sich als „wahre Heimstatt der Menschenrechte"[1] aus, wobei einschlägige fachwissenschaftliche Veröffentlichungen rasch verdeutlichten, daß die bürgerlichen und die sozialistischen Menschenrechte nur das Substantiv gemeinsam haben.

Nach der Lehre des Karl Marx sind Recht, Philosophie und Moral Bestandteile des Überbaus[2] und werden, wenn sich die Produktionsweise ändert, ebenfalls umgewälzt. Das heißt: Es gibt kein zeitlos gültiges Recht, keine weltweit verbindliche Moral. Marx selbst beschäftigt sich einmal, und zwar ziemlich zu Beginn seiner publizistischen Tätigkeit, noch bevor sich sein Weltbild verfestigt hatte, 1843, mit den, wie er betont, „sogenannten Menschenrechten".[3] Schon damals ist ihm der wahre Mensch „Gattungswesen", und ein Recht des Individuums gegenüber der Gattung scheidet daher aus.

Beifällig zitiert er Rousseau: „Wer den Mut hat, einem Volke eine Rechtsordnung zu geben, muß sich fähig fühlen, sozusagen die menschliche Natur zu ändern, jedes Individuum, das in sich selbst und für sich allein ein unvollkommenes Ganzes ist, in den Teil eines größeren Ganzen umzuwandeln, von dem dieses Individuum in gewisser Weise sein Leben und Sein empfängt, an die Stelle einer physischen und unabhängigen eine moralische Teilexistenz zu setzen. Er muß dem Menschen seine eigenen Kräfte nehmen, um ihm fremde dafür zu geben, die er nur mit Hilfe anderer gebrauchen kann."[4]

An dieser Betrachtungsweise hat sich auch durch die affirmative Verwendung des Wortes „Menschenrechte" in der gegenwärtigen Sowjetideologie nichts geändert, wie mit drei Zitaten aus dem amtlichen Lehrbuch „Marxistisch-leninistische Staatstheorie" belegt werden soll. Die Stellungnahme zur bürgerlichen Rechtskonzeption lautet: „Das theoretische Selbstverständnis der bürgerlichen ‚Menschenrechte' ist unhaltbar:

Sie sind weder göttlichen oder natürlichen Ursprungs, noch sind sie, wie immer wieder behauptet wird, die Rechte aller Menschen zu allen Zeiten in allen Situationen."[5]

Nicht minder bemerkenswert ist die Beschreibung des Wesens der „sozialistischen Menschenrechte":

„Die sozialistischen Bürgerrechte sind keine allgemein menschlichen, sondern Klassenrechte. Sie sind Produkt und Instrument der sozialistischen Gesellschafts- und Persönlichkeitsentwicklung, tragen also auf ihre Weise zum Weg vom Kapitalismus zum Kommunismus wie zur Auseinandersetzung zwischen sozialistischen und kapitalistischen Staaten bei." Und um, vom Wort selbst abgesehen, jede Gemeinsamkeit unmißverständlich auszuschließen, heißt es weiter: „Menschenrechte neutralisieren nicht etwa die Staatsmacht, sie sind Ausdruck der staatlichen Souveränität, nicht ihre Negation."[6]

Schließlich soll auch der folgende Satz nicht unerwähnt bleiben, der zum nächsten Kapitel überleitet: „Daraus ergibt sich, daß es keinen allgemeinverbindlichen Menschenrechtskatalog des Völkerrechts gibt."[7]

2. Internationale Menschenrechtsdeklarationen

Mit dem letztzitierten Satz ist die Katze eigentlich schon aus dem Sack. So wie die Sowjets bedenkenlos jedes schönklingende Wort usurpieren, so ratifizieren sie bisher jede internationale Menschenrechtsdeklaration, ohne auch nur daran zu denken, den Worten Taten folgen zu lassen. Stehen wir insofern vor einer neuen Zeit?[8] Unter dem Titel „Neues Denken im Völkerrecht" brachte die sowjetische Zeitschrift „Sowjetstaat und Recht", das Publikationsorgan des Instituts für Staat und Recht der Akademie der Wissenschaften der

UdSSR, in der Märznummer 1988 einen sensationellen Artikel. Wenn er in Wort und Tat dort allgemein bejaht werden sollte, wäre eine kopernikanische Wende im Rechtsdenken der Sowjetunion Wirklichkeit geworden. In ihm wird zur „Verteidigung der Idee des Primats des Völkerrechts über die Politik" aufgerufen. Und nicht minder revolutionär für ein sozialistisches Land: „Die Tendenz der Weltentwicklung verlangt die Erweiterung der Kompetenzen internationaler Organisationen und führt offensichtlich bei ihnen zur Erscheinung sogenannter übernationaler oder überstaatlicher Befugnisse." Bisher haben sich die sozialistischen Staaten stets geweigert, derlei Kompetenzen abzutreten oder anzuerkennen, da so die Souveränität beeinträchtigt werde.

Aber: Eine Schwalbe macht noch keinen Sommer, ein Artikel schafft noch keine Wende. Taten müssen folgen. Und zwischen diesen Worten einerseits, der Sowjetwirklichkeit andererseits gähnt eine gewaltige Kluft. Wird sie überbrückt oder aufgefüllt, verändert sich das Antlitz der Erde. Doch im Augenblick haben wir folgende Situation:

a) Allgemeine Erklärung der Menschenrechte

Am 10. Dezember 1948 nahm die UNO-Generalversammlung ohne Gegenstimme die „Allgemeine Erklärung der Menschenrechte" an. Darin heißt es in Art. 1: „Alle Menschen sind frei und gleich an Würde und Rechten geboren. Sie sind mit Vernunft und Gewissen begabt und sollen einander im Geiste der Brüderlichkeit begegnen." Es folgt eine Vielzahl vielversprechender Garantien, beispielsweise Regelungen, die Freizügigkeit und Auswanderungsfreiheit, die Gewissens-und Religionsfreiheit, die Meinungs- und Informationsfreiheit, die Versammlungs- und Vereinsfreiheit, das allgemeine Wahlrecht betreffend.

Die Sowjetunion wendet ein, die Präambel bringe zum Ausdruck, daß es sich nicht um verbindliches Recht handelt, sondern nur um ein „gemeinsames Ideal". Doch dieser Einwand ist nicht immer möglich:

b) Internationaler Pakt über bürgerliche und politische Rechte

Der Pakt datiert vom 19. Dezember 1966 und trägt auch die Unterschrift der Sowjetunion. Mit ihm wurde, unbestritten, unmittelbar geltendes Recht geschaffen.

Art. 1 hat folgenden Wortlaut: „Alle Völker haben das Recht auf Selbstbestimmung. Kraft dieses Rechts entscheiden sie frei über ihren politischen Status und gestalten in Freiheit ihre wirtschaftliche, soziale und kulturelle Entwicklung." Trotzdem wird z. B. dem deutschen Volk seit 1945 bis heute das Selbstbestimmungsrecht vorenthalten. Die Berufung auf das Selbstbestimmungsrecht ist für die Sowjets, auch für Gorbatschow, Anlaß, von Imperialismus und Revanchismus zu sprechen.[9]

Trotz dieser eindeutigen Norm des internationalen Pakts über bürgerliche und politische Rechte wurde 1968 dem tschechoslowakischen Volk „brüderliche Hilfe" aufgenötigt, um die Selbstbestimmung des tschechoslowakischen Volkes zu vereiteln. Gorbatschow hat diese Rechtsverletzung bis heute nicht nur nicht bedauert, sondern auch anläßlich des 20. Jahrestages dieser flagranten Völkerrechtsverletzung eine verbale Rechtfertigung versucht.

Art. 2: „Jeder Vertragsstaat verpflichtet sich, die in diesem Pakt anerkannten Rechte zu achten und sie allen in seinem Gebiet befindlichen und seiner Herrschaftsgewalt unterstehenden Personen ohne Unterschied, wie insbesondere der Rasse . . . zu gewährleisten." Trotzdem billigte die Sowjetunion einen „neuen Krieg gegen die Juden", wie Robert Wistrich[10] und andere [11] nachweisen. Wistrich untersucht das –

zunächst unerwartet anmutende – Phänomen des sowjetischen Antisemitismus: „Die neuere sowjetische Literatur bedient sich einer kruden marxistischen Antisemitismus-Version, wie sie unter deutschen Kommunisten Anfang der dreißiger Jahre Mode war, indem sie behauptet, eine gemeinsame Sprache zwischen Nazis und Zionisten habe ihre Grundlage in einer gemeinsamen Klassenbasis. Lew Kornejew, ein altgedienter Theoretiker des Antisemitismus, unterscheidet zwischen den Massen von armen jüdischen Arbeitern – und nur sie, behauptet er, seien in den Gaskammern ermordet worden, – und den jüdischen Millionären und Zionisten, die mit den Nazis gemeinsame Sache gemacht hätten."[12] Ob das in Vorbereitung befindliche „Gesetz zur Bekämpfung des Rassismus und des Antisemitismus" eine Besserung bewirkt, bleibt abzuwarten.

Derselbe Art. 2 verpflichtet jeden Vertragsstaat, niemanden wegen der politischen Anschauung zu diskriminieren. Gleichwohl gibt es in der Sowjetunion „politische Gefangene". Die Sowjetführung hat zwar gegenüber Bundeskanzler Helmut Kohl versichert, sie würde alle Politischen bis Ende 1988 freilassen. Doch die westlichen Annahmen unterscheiden sich gewaltig von den sowjetischen Angaben. Der sowjetische Justizminister Krawtsow spricht von „insgesamt zehn politischen Gefangenen".[13] Demgegenüber vertritt Abraham Shifrin, ein Veteran aus den sowjetischen Arbeitslagern und Autor mehrerer Bücher über das sowjetische Bestrafungssystem, die Überzeugung: „Aber wir rechnen noch mit Abertausenden von ‚politischen bzw. religiösen' Gefangenen, die namentlich nicht bekannt sind. In jedem Lager gibt es vor der Öffentlichkeit versteckte ‚Politische'. Es gibt auch extra ‚politische Lager' im Ural und anderswo, wo zwischen 5000 und 6000 Gefangene bekannt sind."[14]

Nach Art. 7 darf niemand grausamer, unmenschlicher oder erniedrigender Behandlung unterworfen werden. Gleichwohl gab es Hunderte von Menschen, die allein deshalb einer psychiatrischen Behandlung zugeführt wurden, weil sie an den Segnungen des Sozialismus zweifelten, offenbar ein hinlänglicher Beweis für Schwachsinn.

Wer sich für sie verwandte, wie beispielsweise der Arzt und Psychiater Dr. Antolij Korjagin, Mitglied der „Arbeitskommission zur Untersuchung des Mißbrauchs der Psychiatrie zu politischen Zwecken", wurde zu langjähriger Freiheitsstrafe und Verbannung verurteilt. Dank der internationalen Hilfe – schon im Juli 1983 hatte der 7. Weltkongreß für Psychiatrie in Wien Dr. Korjagin zum Ehrenmitglied des Weltverbandes für Psychiatrie ernannt – kam er frei. Korjagin: „Ich bemerke hier im Westen eine allgemeine Begeisterung für Begriffe wie ‚Glasnost', ‚Perestrojka' oder ‚Demokratisierung'. Doch wenn hinter diesen Worten keine Taten stehen, sind sie nichts als leere Hülsen. Nur das Vorhandensein von Tatsachen zeigt das Maß an Wahrhaftigkeit, das diesen Begriffen zugrundeliegt."[15]

Mitte April 1987 begann die Entlassung von Bürgerrechtlern aus psychiatrischen Kliniken der Sowjetunion. Bis Ende Dezember waren mehr als 60 Opfer freigekommen. Da die sowjetischen Behörden aber offenbar zunächst nicht alle Fälle bereinigen wollten, von denen der Westen Kenntnis hatte, durfte die Sowjetunion erst 1989 in den Weltverband für Psychiatrie zurückkehren.[16]

Art. 12: „Jedermann, der sich rechtmäßig im Hoheitsgebiet eines Staates aufhält, hat das Recht, sich dort frei zu bewegen und seinen Wohnsitz frei zu wählen.

Jedermann steht es frei, jedes Land, einschließlich seines eigenen, zu verlassen.

Die oben erwähnten Rechte dürfen nur eingeschränkt werden, wenn dies gesetzlich vorgesehen und zum Schutz der nationalen Sicherheit, der öffentlichen Ordnung (ordre public), der Volksgesundheit, der öffentlichen Sittlichkeit oder der Rechte und Freiheiten anderer notwendig ist und die Einschränkungen mit den übrigen in diesem Pakt anerkannten Rechten vereinbar sind."

Während aus der fernen Volksrepublik China 3000 Studenten in der Bundesrepublik Deutschland weilen, gestattet die Sowjetunion nur 46 den Aufenthalt. Wie es sonst mit dem Recht auf Ausreise bestellt ist, bedarf keiner Erläuterung. Selbst innerhalb der UdSSR ist die Freizügigkeit kein garantiertes Bürgerrecht, wie dies zum Beispiel durch die Zwangsumsiedlung Zehntausender angeblich arbeitsloser Aserbaidschaner nach Sibirien verdeutlicht wird.[17] Verschiedene Volksgruppen müssen in den ihnen unter Stalin zugewiesenen Territorien leben.[18]

Art. 21: „Das Recht, sich friedlich zu versammeln, wird anerkannt." Freilich, die im Juli 1987 in Moskau demonstrierenden Krimtataren wurden binnen weniger Tage hinter den Ural zurückverfrachtet und sind dort ständigen Pressionen ausgesetzt.[19] Am 5. September 1988 wollten Angehörige der nicht zugelassenen „Demokratischen Union" anläßlich des 70. Jahrestages der Ausrufung des „Roten Terrors" auf dem Moskauer Puschkinplatz demonstrieren. Sie wurden verhaftet.

Art. 23 gewährt jedermann das Recht, sich frei mit anderen zusammenzuschließen. Auch das stand, bis Gorbatschow an die Macht kam, nur auf dem Papier. Heute gibt es, wie es heißt, 30 000 „informelle" Gruppen.[20] Sie sind nicht genehmigt, werden aber geduldet. Sogar eine Sektion der Internationalen Gesellschaft für Menschenrechte konnte dort ihre Tätigkeit aufnehmen.

In einer anläßlich der Gründung veröffentlichten Erklärung heißt es: „In unserer Gesellschaft hat es eine Reihe von positiven Veränderungen gegeben, die hoffen lassen, daß sich der

Demokratisierungsprozeß weiterentwickelt. Allerdings sind die konservativ-autoritären Stereotypen immer noch sehr stark. Das politische Erbe aus der Zeit des Stalinismus ist noch nicht abgeschüttelt. Ein langer Kampf mit den Metastasen der Bürokratie steht bevor. Unter diesen Umständen müssen wir unsere Kräfte vereinigen und konstruktiv mit allen progressiven Kräften der Menschheit zusammenarbeiten. Wir müssen Formen der Zusammenarbeit mit staatlichen Institutionen finden, um die Entwicklung und Umgestaltung unseres Lebens zu fördern."[21]

Doch die beantragte Registrierung erfolgte nicht, vielmehr geriet die Menschenrechtsgruppe ins Kreuzfeuer der Prawda-Kritik und wurde nach altem Muster als Handlanger antisowjetischer Elemente im Ausland diffamiert. Sie stehe in Verbindung mit einer nicht näher beschriebenen Terrororganisation. Zur Unterscheidung zwischen Gruppen „im Dienste der Gesellschaft" und solchen, die nach dieser Betrachtungsweise als unbotmäßig zu gelten haben, schrieb die Parteizeitung: in jeder Familie gebe es nun einmal „politische Mißgeschöpfe".[22]

c) Schlußakte der Konferenz über Sicherheit und Zusammenarbeit in Europa

Angeregt wurde die Konferenz, die am 1. August 1975 ihren feierlichen Abschluß fand, von der UdSSR, und zwar in der Absicht, den territorialen Status quo (die eigenen expansionistischen Erfolge) in Europa absegnen zu lassen. Das ist weitestgehend auch gelungen. Im Gegenzug verpflichtete sich die Sowjetunion, menschliche Erleichterungen den Bewohnern des Landes zu gewähren und zugleich auf Nachfolgekonferenzen Rechenschaft über das Erreichte zu geben. Gerade diese Konferenzen, Belgrad, Madrid, Wien, haben gezeigt, daß den sozialistischen Staaten nennenswerte Konzessionen nur in monatelangem Ringen abzugewinnen sind. Im sogenannten „Korb 3" werden neben der Verbesserung menschlicher Kontakte durch Begegnung auf der Grundlage familiärer Bindungen, durch Familienzusammenführung sowie Tourismus, die Verbesserung der Verbreitung von Informationen und der Arbeitsbedingungen für Journalisten des langen und breiten angesprochen. Noch großartiger tönt das Schlußdokument der Wiener KSZE-Konferenz.[23]

3. Die Rechte der Sowjetbürger nach der Landesverfassung 1977

Die Grundrechte und Grundfreiheiten sind in Art. 39 ff. der Verfassung der Sowjetunion vom 7. Oktober 1977 niedergelegt. Gleich zu Beginn ein Fanfarenstoß, selbstbewußt und verheißungsvoll: „Die sozialistische Ordnung sichert die Erweiterung der Rechte und Freiheiten." Dieser Betrachtungsweise entspricht auch Gorbatschows Definition der „Menschenrechte": „Die Rechte der Menschen in unserer Gesellschaft sind kein Geschenk des Staates, keine Wohltat von irgend jemandem. Sie sind eine integrierende Eigenschaft des Sozialismus, seine Errungenschaft."[24]

Schon im nächsten Artikel steht zu lesen: „Die Bürger der UdSSR haben das Recht auf Arbeit . . ." Gemeint ist nicht eine bestimmte Arbeit, geschweige denn ein Recht auf einen bestimmten Arbeitsplatz.

Die vorrangige Betonung eines Rechts auf Arbeit dient demagogischen Zwecken und soll das Defizit westlicher Verfassungen, wie z. B. des Grundgesetzes, bewußtmachen. Zwischenzeitlich muß aber eingeräumt werden, daß es auch in der Sowjetunion Arbeitslosigkeit gibt.[25] Aber noch wichtiger erscheint folgender Gesichtspunkt: Wäre das Recht auf Arbeit wirklich das vorrangige Menschenrecht, hätte Hitler zumindest insofern menschenrechtskonform agiert. Denn Arbeit gab es im Dritten Reich mehr als genug für alle.

Bezeichnend ist insbesondere die sprachliche Ausgestaltung jener Rechte, die aus westlicher Sicht über den Geist einer Verfassung entscheiden. Fast wortgleich mit Art. 125 der Stalinschen Verfassung des Jahres 1936 heißt es in Art. 50: „In Übereinstimmung mit den Interessen des Volkes und zur Festigung der Entwicklung der sozialistischen Ordnung werden den Bürgern der UdSSR die Redefreiheit, die Pressefreiheit, die Versammlungsfreiheit, die Kundgebungsfreiheit, die Freiheit zur Durchführung von Straßenumzügen und Demonstrationsfreiheit garantiert."

Danach darf jeder alles tun, was die Spitze der KPdSU als der sozialistischen Ordnung zuträglich erachtet. Diese „Freiheit" ist in jeder Diktatur gewährleistet. Zynischer kann das Wort „Freiheit" kaum mißbraucht werden! Daß diese Regelung eklatant sowohl gegen den Geist als auch gegen den Wortlaut des oben erwähnten „Internationalen Paktes über bürgerliche und politische Rechte" verstößt, liegt auf der Hand. Dabei war dieser Pakt bereits in Kraft getreten, bevor diese Verfassung verabschiedet wurde.

Wenn es Gorbatschow ernst meint mit seinen Worten über die Würde und Bedeutung des Rechts, dann müssen der Art. 50 und alle ähnlich abgefaßten Normen gänzlich umgeschrieben werden. Das ist die Nagelprobe. Wo soll Rechtsstaatlichkeit beginnen, wenn nicht dort, wo das oberste Gesetz, die Verfassung, für jeden Gutwilligen sichtbar gegen völkerrechtlich bindende Zusagen verstößt?

VI Vor einer zweiten Taufe Rußlands?[1]

1. Gorbatschow empfängt den Heiligen Synod

Am 29. April 1988 fanden sich der Patriarch Pimen und andere oberste geistliche Würdenträger der russisch-orthodoxen Kirche im Kreml ein, um vor laufenden Kameras dem Hausherrn ihre Aufwartung zu machen.

Zunächst sind wir versucht, eine derartige Begegnung zwischen den unsäglich gelästerten und verfolgten Kirchenmännern einerseits und dem obersten Repräsentanten ihrer Widersacher andererseits für mehr als nur einen Lichtblick zu nehmen. Aber auch dieses Ereignis ist kein beispielloser Vorgang, sondern nur Kopie. Vor knapp 50 Jahren war es Stalin, der in seiner militärischen Bedrängnis nach dem Strohhalm „Kirche“ griff, um von ihr geistig-geistliche Unterstützung zu erhalten. Er rief drei Metropoliten zu sich, versprach das Patriarchat wiederherzustellen, Priesterseminare und weitere Kirchen zu öffnen.

Auch heute gibt es die Glaubensfreiheit betreffende Sondermeldungen, die es verdienen, als Schritte in die richtige Richtung registriert zu werden: Etwa 200 Gläubige wurden, wenngleich unter Bedingungen, aus langjähriger Haft vorzeitig entlassen. Meldungen über neuerliche Verhaftungen aus religiösen Gründen sind selten.[2] Einige Kirchen und Klöster hat der Staat wieder für religiöse Zwecke zur Verfügung gestellt. Die Tausend-Jahr-Feier der Taufe Rußlands fand unter internationaler Beteiligung in festlichem Rahmen statt. Zehntausende von Bibeln durften ins Land geschafft werden.

Doch damit nicht genug. Ein neues Gesetz über Gewissensfreiheit soll erlassen werden. Einzelheiten des Entwurfs sind aber noch nicht bekannt.

Am 28. Juni 1988 äußerte Gorbatschow: „Das vor 70 Jahren angenommene Leninsche Dekret über die Trennung von Kirche und Staat sowie von Schule und Kirche hat neue Grundlagen für die Beziehungen zwischen ihnen geschaffen. Es ist bekannt, daß diese Beziehungen sich nicht immer normal gestalteten. Doch das Leben selbst und die Geschichte haben Gläubige und Ungläubige als Bürger des sowjetischen Landes vereinigt: als Patrioten in den Jahren der Prüfungen während des Großen Vaterländischen Krieges, bei der Schaffung unserer Gesellschaft und dem Kampf für den Frieden.

Alle Gläubigen, unabhängig davon, welchem Glauben sie angehören, sind vollwertige Bürger der UdSSR. Eine überwältigende Mehrheit von ihnen nimmt an unserem wirtschaftlichen und öffentlichen Leben bei der Lösung der Aufgaben der Perestrojka teil. Der jetzt in Vorbereitung befindliche Gesetzesentwurf über die Gewissensfreiheit gründet sich auf Leninsche Prinzipien und berücksichtigt alle neuzeitlichen Realitäten."[3]

Was geht in Rußland vor? Gibt die Partei ihr Selbstverständnis auf, oder will sich nur Gorbatschow taufen lassen?

2. Auf dem Boden der Tatsachen

a) Die Rechtslage

Das geltende, unter Gorbatschow verabschiedete *Parteiprogramm* bestimmt: „Atheistische Erziehung. Die Partei nutzt Mittel der ideologischen Einwirkung, um die materialistisch-wissenschaftliche Weltanschauung zu verbreiten und religiöse Vorurteile zu überwinden, wobei eine Beleidigung der Gefühle der Gläubigen nicht zugelassen wird . . . Einen äußerst wichtigen Bestandteil der atheistischen Erziehung bilden die

Erhöhung der Leistungsbereitschaft und der gesellschaftlichen Aktivität der Menschen . . ."[4]

Das gleichzeitig verabschiedete *Parteistatut* verpflichtet alle Parteimitglieder, „sich die marxistisch-leninistische Theorie anzueignen, . . . beliebige Erscheinungen der bürgerlichen Ideologie, der Privateigentümermentalität, religiöse Vorurteile und sonstige der sozialistischen Lebensweise wesensfremde Anschauungen und Sitten entschieden zu bekämpfen."[5]

In der seit 1977 geltenden Verfassung heißt es in Art. 52: „Den Bürgern der UdSSR wird Gewissensfreiheit garantiert, d. h. das Recht, sich zu einer beliebigen oder keiner Religion zu bekennen, religiöse Kulthandlungen auszuüben oder atheistische Propaganda zu betreiben . . . In der UdSSR sind die Kirche vom Staat und die Schule von der Kirche getrennt."

Es fällt auf: Nur der Atheismus darf propagiert werden, nicht jedoch ein religiöser Glaube. Der Atheismus ist durch den Marxismus-Leninismus Staats-„Religion". Glaube ist Aberglaube. Dies rechtfertigt die Benachteiligung der Gläubigen in vielen Sphären des Lebens, insbesondere bei Besetzung leitender Positionen. Das folgt allein schon daraus, daß für alle Staatsämter Parteimitglieder prädestiniert sind, Gläubigen aber der Zutritt in die KPdSU verwehrt ist.

„Die Religionsgemeinschaften sind den Behörden ausgeliefert, machtlos und der Gefahr erpresserischer Forderungen wehrlos ausgesetzt. Einen rechtlich klar umgrenzten, notfalls mit Rechtsmitteln zu verteidigenden Handlungsspielraum besitzen sie nicht. Besonders schlimm ist das Verbot aller religiös motivierten Laienaktivitäten in den Gemeinden, also eines großen Teils des Gemeindelebens überhaupt, und die daraus resultierende Beschränkung der Religionsgemeinschaften auf den Vollzug von Riten und Seelsorge."[6]

Kirchliche Ämter dürfen trotz „Trennung von Kirche und Staat“ nur mit Zustimmung des Staates besetzt werden. Der Staat entscheidet darüber nach freiem Ermessen und kann seine Zustimmung jederzeit widerrufen. Kirchliche Angestellte sind von der Sozialversicherung ausgeschlossen, wenn sie „an der Verrichtung religiöser Riten“ teilnehmen.

Die Eltern sind verpflichtet, ihre Kinder im Geiste des Marxismus-Leninismus zu erziehen.

All dies ist gänzlich unvereinbar mit dem auch für die Sowjetunion rechtsverbindlichen Pakt über politische und bürgerliche Rechte (siehe V 2 b).

Er bestimmt in Art. 18: 1. „Jedermann hat das Recht auf Gedanken-, Gewissens- und Religionsfreiheit. Dieses Recht umfaßt die Freiheit, die Religion oder eine Weltanschauung eigener Wahl zu haben oder anzunehmen, und die Freiheit, seine Religion oder Weltanschauung allein oder in Gemeinschaft mit anderen, öffentlich oder privat durch Gottesdienst, Beachtung religiöser Bräuche, Ausübung und Unterricht zu bekunden.

2. Niemand darf einem Zwang ausgesetzt werden, der seine Freiheit, eine Religion oder eine Weltanschauung seiner Wahl zu haben oder anzunehmen, beeinträchtigen würde.

3. Die Freiheit, seine Religion oder Weltanschauung zu bekunden, darf nur den gesetzlich vorgeschriebenen Einschränkungen unterworfen werden, die zum Schutz der öffentlichen Sicherheit, Ordnung, Gesundheit, Sittlichkeit oder der Grundrechte und -freiheiten anderer erforderlich sind.

4. Die Verfassungsstaaten verpflichten sich, die Freiheit der Eltern . . . zu achten, die religiöse und sittliche Erziehung ihrer Kinder in Übereinstimmung mit ihren eigenen Überzeugungen herzustellen.“

Eklatant menschenrechts- und völkerrechtswidrig ist das beliebige Verbot einzelner Konfessionen, z. B. der ukrainischen katholischen Kirche. Der auf der 44. Sitzung der Menschenrechtskommission der Vereinten Nationen in Genf veröffentlichte Bericht (Februar 1988) beklagt, daß vor allem die Baptisten, die Pfingstler, die Zeugen Jehovas, die Katholiken sowie die Juden unter Restriktionen zu leiden hätten. Zu den Maßnahmen gegen Gläubige in der Sowjetunion zählen nach wie vor die öffentliche Denunzierung in den Medien, die Diskriminierung der Kinder in den Schulen oder Benachteiligungen beim beruflichen Aufstieg und dem Recht, das Land zu verlassen.[7]

Ob das im Entwurf vorliegende Gesetz betreffend die Religionsgemeinschaften in allen oder Teil-Bereichen eine Besserung bewirkt, bleibt abzuwarten. Bemerkenswert ist, daß es den Betroffenen zur Stellungnahme zugeleitet wird.

b) Geschichtliches

Die „Religionsverfassung" der Sowjetunion hat sich bisher unter Gorbatschow nicht verbessert. Dennoch würde diese Feststellung ohne den historischen Hintergrund einen falschen Eindruck vermitteln.

Auch im Zusammenhang mit der Glaubensfreiheit beruft sich Gorbatschow auf Lenin (1.). Und auch hier stellt sich die Frage, ob er annimmt, uns einen idealisierten, ja geradezu pervertierten Lenin glaubhaft machen zu können, ebenso wie er den amerikanischen Lesern von „Perestrojka" weismachen möchte, *der Krieg* habe die „Kathedralen und Kirchen"[8] in Trümmer gelegt. Von den rund 500 Kirchen, die 1914 in Moskau gezählt wurden, gab es bei Kriegsbeginn 1941 nur noch 17.[9]

Die Christenverfolgung begann bereits unter Lenin. Lange vor der Machtübernahme, 1903, fand er recht ansprechende Worte: „Die Sozialdemokraten fordern für jeden Menschen das Recht, seinen religiösen Glauben in absoluter Freiheit zu verkünden, unabhängig davon, um welchen Glauben es sich handelt."[10] 1920 sprach Patriarch Tichon zu einer amerikanischen Journalistin, der es gelungen war, bis zu ihm vorzudringen, von 322 durch die Kommunisten hingerichteten Bischöfen und Priestern. Damals erklärte die Kirchenversammlung: „Selbst die Tataren hatten mehr Respekt vor unserem heiligen Glauben als unsere jetzigen Gesetzgeber. Bisher wurde Rußland heilig genannt, aber jetzt will man es heidnisch machen."[11]

Lenin bewirkte den Geheimbeschluß, „die Schätze der Klöster, der Lawren und der Kirchen mit der allergrößten Härte ohne die geringsten Skrupel in kürzester Frist zu beschlagnahmen. Je mehr reaktionäre Priester und Bourgeois wir unter Ausnutzung dieser Gelegenheit erschießen können, desto besser ist es. Jetzt muß man diesen Leuten eine ordentliche Lektion erteilen, so daß sie es mehrere Jahrzehnte lang nicht einmal mehr wagen können, auch nur den geringsten Widerstand ins Auge zu fassen."[12]

Diesem Vermächtnis gemäß hat Stalin bis Kriegsbeginn gehandelt. Dann kam ihm in höchster Not die Erleuchtung, er könne doch mit den Resten der russisch-orthodoxen Kirche ein Zweckbündnis eingehen. „So eilig hatte es Stalin damit, daß die Teilnehmer der zu diesem Akt erforderlichen Bischofssynode zumeist direkt aus Straflagern oder aus sibirischer Verbannung nach Moskau befördert wurden."[13]

Chruschtschow, der heute wieder an Ansehen gewinnt und von manchen als Vorläufer Gorbatschows angesehen wird, war kaum zimperlicher als der von ihm posthum so sehr geschmähte Stalin.[14]

3. „Die atheistische Erziehung muß in Schwung kommen!“

Religiöse Intoleranz begegnet uns in allen Jahrhunderten. Die Kirchen selbst, meist die Opfer, treten aber auch auf seiten der Verfolger auf und tragen so ein gerüttelt Maß Mitschuld, beispielsweise die russisch-orthodoxe Kirche, die der ukrainischen katholischen Kirche das Existenzrecht abspricht und insofern Stalins Verfolgungen gutheißt.[15] Besonders bemerkenswert daher die Erklärung von Papst Johannes Paul II. zur Feier des Weltfriedenstages 1988: „Zunächst ist die Religionsfreiheit als unauslöschliche Forderung aus der Würde jedes Menschen der Grundstein des Gebäudes der Menschenrechte und darum ein unersetzlicher Faktor für das Wohl der Personen und der ganzen Gesellschaft für die personale Verwirklichung eines jeden.“[16]

Ganz anders Gorbatschow: „Die Rechte der Menschen in unserer Gesellschaft sind kein Geschenk des Staates, keine Wohltat von irgend jemandem. Sie sind eine integrierende Eigenschaft des Sozialismus, seine Errungenschaft.“[17] Für einen moskauorientierten Kommunisten ist der Sozialismus unlösbar verknüpft mit dem Marxismus-Leninismus. Dieser aber ist eine durch und durch atheistische Weltanschauung:[18] Leugnung Gottes, Mensch als Selbsterzeuger, keine zeitlos gültige Moral, keine individuelle Schuld und vieles andere mehr. Alle einschlägigen Dokumente der Partei und des Staates bekennen den Atheismus, verpflichten zu ihm (siehe 2.). Ohne grundlegenden Wandel, der gleichsam keinen Stein auf dem anderen läßt, kann sich das Verhältnis Staat und Kirche nicht normalisieren, kann es nicht den völkerrechtlichen Verpflichtungen konform werden. So sehr wir diesen Wandel ersehnen, ebensosehr müssen wir uns vor einem Wunschdenken hüten, das Möglichkeit, Wahrscheinlichkeit und Wirklichkeit in eins verschwimmen läßt.

Aus dem Munde Gorbatschows gibt es kein Wort des Bedauerns über die Massenmorde an den Gläubigen, vielmehr wurde in seiner Ära der antireligiöse Ton noch verschärft. War es 1961 Pflicht, „. . . zur Heranbildung und Erziehung des Menschen der kommunistischen Gesellschaft beizutragen . . .“, so gilt es nun, „. . . in jeder Weise . . . beizutragen.“ War es 1961 Pflicht, „. . . die religiösen Vorurteile und sonstige Überbleibsel der Vergangenheit zu bekämpfen . . .“, so wird nun gefordert, „. . . religiöse Vorurteile . . . entschieden zu bekämpfen.“[19] Diese Verschärfung ist Gorbatschows eigenes Anliegen. In seiner berühmten Rede vom 27. Januar 1987 führt er aus: „Die Arbeit an der ideologischen Front muß jedoch noch in vielen Richtungen, darunter im politischen und ökonomischen Studium . . . sowie der atheistischen Erziehung richtig in Schwung kommen.“[20] Und an anderer Stelle: „Wir machen aus unserer Haltung gegenüber der religiösen Weltanschauung als nichtmaterialistischer, unwissenschaftlicher Weltanschauung keinen Hehl.“[21]

Warum dann dennoch seine Einladung an den Heiligen Synod, in den Kreml zu kommen? Der Vorsitzende des staatlichen Rates für Religiöse Angelegenheiten, K. S. Chartschew, gibt uns die authentische Antwort: „Eine Tendenz zur sinkenden Religiosität gibt es zur Zeit in der Sowjetunion nicht. Jedes Jahr finden eine Million Beerdigungszeremonien statt, das sind 20 bis 30 Prozent der Verstorbenen. 30 Prozent der Kinder werden getauft.

Wir, die Partei, sind in die Falle unserer antikirchlichen Politik, der Verbote und Repressionen, geraten. Wir haben den Popen von den Gläubigen getrennt, das Vertrauen der Gläubigen ist dadurch gegenüber den örtlichen Organen jedoch nicht gewachsen. Die Partei und der Staat verlieren immer mehr die Kontrolle über die Gläubigen. Nach Lenin muß die Partei die Kontrolle über alle Sphären des Lebens der Bürger haben. Da die Gläubigen nun einmal da sind und die Geschichte gezeigt hat, daß sie ernsthaft und für lange da sind, so ist es für die Partei leichter, einen wirklich Gläubigen auch zum Gläubigen an den Kommunismus zu machen. Und hier stellt sich uns die Aufgabe: die Erziehung eines neuen Typus des Geistlichen; die Auswahl und die Bestimmung der Geistlichen ist Sache der Partei."[22]

Das sind klare, harte, aber auch ernüchternde Worte, die es verdienen, mehrmals gelesen zu werden. Hinzu kommt: Gorbatschow will alle Register ziehen, um seine Perestrojka voll zum Tönen zu bringen. Auch bei Stalin ist diese Rechnung aufgegangen. Das Hindernis, das Gorbatschow sieht, beschreibt er wie folgt: „Und nicht zufällig stoßen wir heute gerade in der ethisch-moralischen Sphäre so stark auf negative Erscheinungen. Ich meine den Kampf um die Ausmerzung von Alkoholmißbrauch, Veruntreuungen, Korruption, Amtsmißbrauch und Protektionismus."[23] Die Gläubigen sind, die Statistiken sprechen insofern eine deutliche Sprache, weniger entfremdet als der Bevölkerungsdurchschnitt: Weniger Ehescheidungen und damit solidere Familien, geringere Neigung zu Kriminalität, insbesondere Korruption, kaum Alkoholismus, überdurchschnittliches Pflichtbewußtsein, also alles Tugenden des „sozialistischen Menschen". Da nimmt man eben, wenn auch schweren Herzens, ihren „Aberglauben" in Kauf, zumal so das internationale Ansehen wächst. Gorbatschow und seine Leute sind also zur Zusammenarbeit mit gläubigen Menschen bereit, wünschen aber keine Kirche als kritische Instanz, vielmehr nur als moralische Anstalt, die auch noch außenpolitisch als Sprachrohr von Partei und Staat eingesetzt werden kann. Das alleinige Kriterium ist Nützlichkeit für den Sozialismus, genauer für die Erhaltung der bestehenden Machtstrukturen.

Der 1979 übergelaufene hohe Offizier des sowjetischen Geheimdienstes KGB, Major Stanislaw Lewtschenko, äußerte im Herbst 1988, die Auslandsabteilung des russisch-orthodoxen Patriarchats in Moskau sei „direkt mit dem KGB verbunden“. Im Weltfriedensrat und im Weltkirchenrat dürften sowjetische Kirchenführer nur mitarbeiten, wenn sie die Kreml-Politik förderten. Lewtschenko: „Sie verkaufen Sowjetpolitik in religiöser Sprache.“[24]

Wer die Goebbels-Tagebücher gelesen hat, wird, vergegenwärtigt er sich das Verhältnis von Staat und Kirche in der Sowjetunion, zwangsläufig immer wieder an bestürzende Parallelen erinnert: „Will Friede machen mit Kirchen. Wenigstens gewisse Zeit“, notierte Goebbels im August 1935 über eine Vorbesprechung Hitlers mit den für den Reichsparteitag 1935 vorgesehenen Rednern.[25]

Und bei einem von Hitlers Tischgesprächen: „Ich kümmere mich nicht um Glaubenssätze, aber ich dulde auch nicht, daß ein Pfaffe sich um irdische Sachen kümmert. Die organisierte Lüge muß derart gebrochen werden, daß der Staat absoluter Herr ist. In der Jugend stand ich auf dem Standpunkt: Dynamit. Erst später sah ich ein, daß man das nicht übers Knie brechen kann. Es muß abfaulen wie ein brandiges Glied. So weit müßte man es bringen, daß auf der Kanzel nur lauter Deppen stehen und vor ihnen nur alte Weiblein sitzen. Die gesunde Jugend ist bei uns.“[26]

Über viele Jahre hinweg glaubte die evangelische Kirche in der DDR, sie habe sich nun größere Freiheiten verdient, verdient nicht zuletzt dadurch, daß sie alles schlucken lernte, wogegen sie zunächst noch protestierte. Und trotzdem muß sie seit Mitte 1987 vielfältige Schikanen, Bevormundungen, Zensuren hinnehmen. Ein Wink mit dem Zaunpfahl für alle, die da meinen, atmosphärische Verbesserungen seien unwiderruflich. Auf Stalin folgte Chruschtschow, wobei es den Kirchen unter Chruschtschow schlechter ging als in den letzten Jahren des finsteren Despoten.

VII Glasnost

1. Was heißt „Glasnost“?

Das Wort „Glasnost“ kennt heute jeder, der auch nur ganz gelegentlich Politik an sein Ohr rauschen läßt. Das alte, früher selten gebrauchte russische Wort[1] wurde erst unter Gorbatschow in eine Umlaufbahn um die Erde katapultiert. Anders als bei „Perestrojka“ – Umgestaltung – ist die treffende Übersetzung von „Glasnost“ strittig.

In einer sprachwissenschaftlichen Untersuchung wird behauptet: „Das Wort ‚Glasnost‘ hat mit ‚Offenheit‘ gar nichts zu tun . . . ‚Glasnost‘ ist eine Abstraktum-Bildung von ‚golos‘, ‚Stimme‘, und bedeutet ‚lautes Aussprechen‘. Die beste deutsche Übersetzung wäre ‚Publizität‘. Inhaltlich ist das Wort nicht besetzt; was publik gemacht werden soll, darüber sagt es nichts.“[2]

Gorbatschow will dem Wort einen anderen Sinngehalt unterstellen. Sein politischer Berater Valentin Falin, früher sowjetischer Botschafter in Bonn, äußerte auf die Frage: „Ein wesentliches Merkmal Ihres Reformprozesses wird mit der Vokabel ‚Glasnost‘ umschrieben, wobei Glasnost für Offenheit, Öffentlichkeit, Transparenz steht“: „Ich möchte definieren, was wir unter Glasnost verstehen . . . Glasnost bedeutet in meinen Augen vor allem Ehrlichkeit. Es gilt, nur das zu sagen, was Wahrheit ist. Wer nicht imstande ist, die volle, die ganze Wahrheit zu sagen, der soll besser schweigen.“[3]

Öffentlichkeit, Transparenz, Offenheit, Ehrlichkeit, Wahrhaftigkeit – an all das müssen wir also denken, wenn von „Glasnost“ die Rede ist.

2. Glasnost im Leben des Marxismus-Leninismus

„Die Kommunistische Partei tritt unbeirrt dafür ein, daß das Volk alles weiß." – Das behauptet zumindest Gorbatschow und fährt fort: „Das Volk braucht die ganze Wahrheit. In diesem Zusammenhang möchte ich an die Position Lenins erinnern, die in einem Brief an die Iskra-Redaktion dargelegt wurde. ‚Es wäre wirklich an der Zeit, mit den Überlieferungen des sektiererischen Zirkelwesens Schluß zu machen und – in einer Partei, die sich auf die Massen stützt – entschlossen die Losung aufzustellen: Mehr Licht! Die Partei soll alles wissen . . .'"[4]

Allein schon dieses Zitat ist dazu angetan, „Glasnost", „Öffentlichkeit", „Wahrhaftigkeit" mit einem übergroßen Fragezeichen zu versehen. Gorbatschow tut ganz so, als seien „Partei" und „Volk" bei Lenin dasselbe. Eine solche Gleichung ist aber gänzlich unmarxistisch. Schon für Marx und insbesondere für Lenin war die Kommunistische Partei die Vorhut des Proletariats, der Arbeiterklasse und erst recht des ganzen Volkes.

Bereits im Manifest der Kommunistischen Partei, 1848, schwärmen Marx und Engels: „Die Kommunisten sind also praktisch der entschiedenste, immer weitertreibende Teil der Arbeiterparteien aller Länder; sie haben theoretisch vor der übrigen Masse des Proletariats die Einsicht in die Bedingungen, den Gang und die allgemeinen Resultate der kommunistischen Bewegung voraus."[5]

Gorbatschow reißt das Lenin-Zitat aus dem Zusammenhang. Der Kontext ergibt ganz klar, daß es für Lenin kein Anliegen gewesen ist, die Öffentlichkeit zu informieren, vielmehr, und zwar möglichst umfassend, die Partei, damit sie jedwedem selbständigen Denken energisch entgegentreten kann:

„Mehr Licht! Die Partei soll alles wissen, der Partei soll das gesamte, entschieden das gesamte Material zur Beurteilung aller Meinungsverschiedenheiten, aller Rückfälle in den Revisionismus, aller Verstöße gegen die Disziplin usw. zur Verfügung gestellt werden. Mehr Vertrauen zur selbständigen Urteilskraft der ganzen Masse der Parteiarbeiter: Sie und nur sie allein werden den Übereifer der zur Spaltung neigenden Grüppchen dämpfen können . . .“[6]

Ebenso kontinuierlich, wie sich Gorbatschow auf Lenin beruft, hat sich Lenin auf Marx und Engels berufen. Ja, Lenin meinte sogar, er sei der erste, der die Meister voll und ganz verstehe. Die Betonung der Einheit zwischen den Moskau-orientierten Kommunisten einerseits, Lenin, Engels und Marx andererseits gehört zu den ritualisierten Pflichtübungen auch unter Gorbatschow.

Im Parteiprogramm, das auf dem 27. Parteitag im März 1986 verabschiedet wurde, heißt es: „Die Partei betrat die politische Arena als würdige Erbin der im ersten programmatischen Dokument der Kommunisten, im ‚Manifest der Kommunistischen Partei‘ verkündeten Idee der sozialistischen Umgestaltung der Gesellschaft . . . Karl Marx und Friedrich Engels . . . bewiesen theoretisch die Unausweichlichkeit des Untergangs des Kapitalismus . . . Ihr flammender Aufruf ‚Proletarier aller Länder vereinigt euch!‘ ist auch heute die Kampflosung der Arbeiterbewegung. Der Marxismus-Leninismus ist eine einheitliche revolutionäre Lehre. Die von Lenin geschaffene Partei . . . war, ist und bleibt stets eine Partei des Marxismus-Leninismus, eine Partei der revolutionären Tat . . .“[7]

Vor gut 70 Jahren hat Lenin jene Tat begangen, deren Folgen bis heute das politische Gesicht dieser Erde prägen. Damals hat er in der sogenannten Oktoberrevolution die sozialistische Regierung Kerenski gestürzt und sich selbst wie auch die von ihm geschaffene Partei der Bolschewiki, eine Abspaltung der Sozialdemokratischen Partei Rußlands, inthronisiert.

Genau 70 Jahre vorher (Dezember 1847/Januar 1848) haben Karl Marx und Friedrich Engels jenes Büchlein verfaßt, auf das die Worte passen: „Die Bücher von heute sind die Taten von morgen“ oder „Ohne Theorie keine Revolution“. Das Manifest der Kommunistischen Partei wurde gleichsam der ideologische Sprengsatz, der 1917 detonierte. Aber es kommt noch sensationeller. Glasnost ist nicht erst eine Devise Lenins, er hat es insgesamt 46mal gebraucht, oder gar Gorbatschows; wir begegnen ihr bereits am Ende des Kommunistischen Manifests. Da heißt es ganz emphatisch: „Die Kommunisten verschmähen es, ihre Ansichten und Absichten zu verheimlichen. Sie erklären es offen, daß ihre Zwecke nur erreicht werden können . . .“[8]

Zu den Ansichten und Absichten zählten: „Kampf gegen die Bourgeoisie“, „Eigentumsfrage“, „Gewaltsamer Umsturz aller bisherigen Gesellschaftsordnung“, kurz: Revolution und Kommunismus.

Wenig später, im Februar 1848, kam es zu einer bürgerlichen Revolution in Frankreich, die rasch auf Deutschland übergriff. Von Brüssel aus begaben sich Marx und Engels über Paris nach Köln und hoben zusammen mit anderen Kommunisten, die schon vorbereitend tätig geworden waren, die „Neue Rheinische Zeitung“ aus der Taufe, das „Organ der Demokratie“, wie der Untertitel lautet. Das „Organ der Demokratie“ bekämpft von Anfang an die Frankfurter Nationalversammlung und vertritt auch sonst Positionen, die die Mehrheit selbst der politisch Fortschrittlichen vor den Kopf stößt. Sie unterläßt es aber konsequent, ihre kommunistischen „Ansichten und Absichten“ zu bekennen. Obwohl täglich dazu Gelegenheit geboten ist, werden der Kampf gegen die Bourgeoisie nach geglückter Revolution, die Eigentumsfrage und der gewaltsame Umsturz aller bisherigen Gesellschaftsordnung nicht thematisiert. Der Kommunismus, auch das Wort, bleibt tabu.

Aus dem Briefwechsel der Freunde und späteren Veröffentlichungen wird deutlich, daß diese Tarnung ganz bewußt gewählt wurde, daß die Kommunisten Marx und Engels, entgegen dem Wortlaut ihres Manifests, es durchaus gelegentlich vorzogen, ihre „Ansichten und Absichten zu verheimlichen".

Diese Kriegslist, unter demokratischer Flagge für die Diktatur zu kämpfen, ist bekanntlich aufgegangen. Solche Täuschungsmanöver waren Bestandteil der revolutionären Moral, die in der Feststellung gipfelt, daß ihnen als Revolutionären jedes Mittel recht ist, „das zum Ziele führt, das gewaltsamste, aber auch das scheinbar zahmste".[9]

Wir haben keinen Anlaß, daran zu zweifeln, daß Lenin es ernst meinte, als er die Parole ausgab: „Die Partei soll alles wissen . . ." Das Volk aber hat er völlig bedenkenlos in die Irre geführt, wenn dies seinen weltrevolutionären Plänen dienlich zu sein schien. Davon wird noch die Rede sein (VIII 1).

Ohne Stalins „Njet" wurden noch weit schönere Worte, Glasnost betreffend, von den Vereinten Nationen verabschiedet: „Jeder Mensch hat das Recht auf freie Meinungsäußerung; dieses Recht umfaßt die Freiheit, Meinungen unangefochten anzuhängen und Informationen und Ideen mit allen Verständigungsmitteln ohne Rücksicht auf Grenzen zu suchen, zu empfangen und zu verbreiten." So Art. 19 der „Allgemeinen Erklärung der Menschenrechte" aus dem Jahre 1948.

Chruschtschow hat mit Blick auf Stalin, sein ehemaliges Idol, Glasnost praktiziert, als er denen, die nicht sehen und nicht hören wollten, gleichsam mit Gewalt die Augen für die abscheulichen Exzesse des langjährigen Generalsekretärs der KPdSU öffnete.

Unter Breschnew waren die sowjetischen Völkerrechtler ganz besonders aktiv und haben mitgewirkt, daß Glasnost-Absichtserklärungen viele Seiten füllen. Der gewaltige Umfang verbietet eine wörtliche Wiedergabe. Insbesondere geht es dabei (in Korb 3 der KSZE-Schlußakte von Helsinki; V 2 c) um Verbesserung des Zugangs zu und des Austausches von Informationen und Erleichterung der Arbeitsbedingungen für Journalisten.

Der Internationale Pakt über bürgerliche und politische Rechte, von dem oben gleichfalls die Rede war (V 2 b), ist ebenfalls unter seiner Ägide zustande gekommen. Wenn wir den Worten Glauben schenken: Glasnost in Perfektion.

3. „Mehr Licht für Glasnost!"

So betitelt Gorbatschow ein Kapitel seines „Perestrojka"-Buches.[10] Was er zum Thema schreibt, ist wiederum exemplarische Dialektik (und damit wenig Glasnost im Sinne von wahrhaftig): „Offenheit [‚Glasnost' im Original] ist ein wesentliches Merkmal des Sozialismus."[11] Gorbatschow läßt keinen Zweifel, daß die Sowjetunion seit den Tagen Lenins ein sozialistisches Land sei. Was aber Glasnost anlangt, so bildete doch die Sowjetunion bisher nahezu das Schlußlicht aller Staaten der Erde. Deshalb ja auch sein Ausruf: „Mehr Licht!" Wie aber kann die Sowjetunion nach Gorbatschow ein sozialistischer Staat sein, wenn ein wesentliches Merkmal seiner Sozialismusdefinition fehlt?

„Mehr Licht" als früher gibt es heute in der Sowjetunion, und das hat er bewirkt, wenngleich die Impulse leider nicht im Gedankengut der Philanthropie wurzeln, vielmehr von der Not diktiert sind: „Wir haben nicht erst heute, sondern schon vor Jahren erkannt, daß man mit den alten Methoden nicht weiter regieren kann. Auch die wirtschaftlichen Probleme sind nicht mehr zu lösen gewesen."[12]

Ungeachtet dieses Geburtsfehlers ist es ein Schritt in die richtige Richtung, wenn heute nicht nur, wie schon in Chruschtschows Tagen, die sozialistische Vergangenheit kritisiert werden darf, sondern auch die Gegenwart. Die IGfM bietet dafür in ihrer Zeitung „Perestrojka" eine bunte Fülle von Belegen. Auch andere Blätter bringen Kostproben. Da heißt es beispielsweise: „Wenn ein großer Führer mal beim Arzt in einer einfachen Poliklinik zwei bis drei Stunden Schlange stehen und dann in fünf Minuten behandelt würde; wenn er für eine Zahnprothese zwei bis drei Jahre warten müßte, im Krankenhaus ohne die notwendige Medizin auf dem Korridor läge; wenn er mal Gewerkschaftsurlaub machte und ein übelriechendes Kotelett mit klebrigem Reis äße, vor der Toilette Schlange stehen würde und von versprochenen Segnungen nicht einmal die Hälfte für sein Geld erhielte. Wenn er mal versuchte, ohne Beziehung und Bestechung sein Auto zu reparieren. Wenn sie ihm in der Wäscherei sein neues Bettlaken klauten und ihm ein zerrissenes zurückgäben. Wenn seine Frau mal Stiefel tragen würde, die es in den Geschäften gibt . . ., dann kann man hier auf eine Veränderung hoffen!"[13]

Die in Moskau redigierten Moskau News, die in allen Kultursprachen der Welt erscheinen und in den meisten Weltstädten erhältlich sind, haben ihren Zuckerbäckerstil aufgegeben und westliche Allüren eingeführt.

Ein namhafter Journalist beklagt die „Selbstzensur", die während langer Arbeitsjahre für eine ganz anders geartete Presse in jeden von uns eingebaut war" und die den Kopf verdorben habe.[14]

Um die eingebauten Hemmungen zu überwinden, hat man sich darangemacht, den unheilschwangeren Tatbestand der antisowjetischen Propaganda, der über jedem Kritiker schwebte, aus dem Strafgesetzbuch der Sowjetunion zu streichen, mehr noch, es soll sogar ein Glasnost-Gesetz die Widerstandsstruktur gegen Perestrojka aufbrechen. „Das neue Gesetz soll den einfachen Bürgern und ihren gesellschaftlichen Vereinigungen, darunter auch den sogenannten nichtformellen Vereinigungen, helfen, Zugang zur notwendigen Information zu bekommen. Das Glasnost'-Gesetz ist als provisorischer Rechtsakt konzipiert. Vielleicht wird es so lange seine Gültigkeit nicht verlieren, bis sich in der Gesellschaft eine neue Atmosphäre durchgesetzt hat."[15] Aber das ist Verheißung, *vielleicht* Zukunft.

Die literarisch-künstlerische Szene hat sich grundlegend gewandelt. Bücher und Theaterstücke, die früher verboten waren, können jetzt erscheinen, zur Aufführung gebracht werden. An die Stelle des eindimensionalen sozialistischen Realismus ist eine beachtliche Vielfalt getreten. Alle Themen von Gewicht, soweit sie nicht „die letzten Dinge" betreffen, dürfen angefaßt werden. Verfemte Schriftsteller, wie Boris Pasternak und Anna Achmatowa, werden rehabilitiert. Aber nicht alle! „Solschenizyn zu veröffentlichen hieße, die Grundfesten zu untergraben, auf denen sich unser Leben aufbaut."[16]

4. „Sozialistischer Pluralismus"

„Wir brauchen eine von der Parteibürokratie und dem Staatsapparat unabhängige Presse", sagte der Redakteur der sowjetischen Zeitschrift Nowyj mir am 15. Mai 1987.[17] Ein halbes Jahr später gab es sie. Als erster rief der Literaturwissenschaftler Sergej Grigorjanz das Blatt „Glasnost" ins Leben. Grigorjanz, der insgesamt schon neun Jahre Haft wegen „antisowjetischer Agitation und Propaganda" erduldet hatte, kämpfte von Anfang an gegen die größten Schwierigkeiten: Keine offizielle Registrierung, keine Papierzuteilung, Bedrohungen, wiederholte Festnahmen, körperliche Mißhandlung und schließlich, im Frühjahr 88, das Verbot von „Glasnost".[18]

Уверяю тебя, сейчас все можно говорить открыто. Рисунок Г. БАСЫРОВА.

„Mensch, glaub mir: Jetzt können wir alles offen sagen.“ Aus „Moskowskije Nowosti“, 14. 8. 1988

Davon hat in der Bundesrepublik kaum eine Zeitung Notiz genommen. Eine Ausnahme kommentiert: „An sich haben Journalisten eine recht beachtliche internationale Solidarität entwickelt. Wo immer in der Welt ein Kollege getötet, mißhandelt oder in seiner Berichterstattung behindert wird, reagiert der Journalismus mit Empörung. Nur den heldenmütigen Einsatz der Kollegen in der Sowjetunion für Pressefreiheit, Weitergabe unzensierter Nachrichten übergeht man mit Schweigen.“[19] Der Internationale Zeitungsverlegerverband hat seine „Goldene Freiheitsfeder“ für 1989 Sergej Grigorjanz verliehen!

Daß man Grigorjanz so übel mitgespielt hat, kann den nicht überraschen, der die grundsätzlichen Äußerungen Gorbatschows in seine Urteilsbildung einbezieht. Da heißt es einerseits: „Seht, Genossen: Heute kann jeder sagen, was er denkt und sagen möchte.“[20] Andererseits aber: „Eine außerordentlich wichtige Frage ist die Weiterentwicklung der Kritik, die Erweiterung von Glasnost. Manchmal wird gefragt: Welches sind die Grenzen von Kritik und Glasnost? Diese Frage ist bei uns gelöst im Rahmen des sozialistischen Meinungspluralismus. Wir sind für breite Entfaltung von Kritik und Glasnost, doch im Interesse der Gesellschaft, des Sozialismus, im Interesse des Volkes . . . Doch all dies muß im Rahmen unserer allgemeinsozialistischen Wahl realisiert werden, im Rahmen unserer sozialistischen Demokratie und Moral."[21]

„Allzu reformorientierte Zeitschriften wie die populäre Illustrierte Ogonjok (‚Feuerchen') oder die Literaturnaja Gazeta sind bereits mit einer einfachen Methode an eine kürzere Leine gelegt worden: Ihnen wurde – sehr zum Mißfallen der Abonnenten – die Zuteilung des ohnehin knappen Papiers gekürzt. Die politische Führung kann sich bei der Aufsicht über Zeitungen und Zeitschriften noch auf ein anderes, altbewährtes Instrument verlassen: die staatliche Zensurbehörde Glawlit."[22]

Oben war von den progressiven Moskau News die Rede. Aber die westlichen Korrespondenten in der Sowjetunion berichten, daß diese Zeitung in der Sowjetunion nur schwer erhältlich sei: „Westliche Ausländer wollen in Moskau sogar gesehen haben, daß am Erscheinungstag an den Kiosken die wenigen Exemplare sogleich von beauftragten Kunden aufgekauft werden. Das mag stimmen oder nicht."[23] Begeisterte Leser stehen um 5 Uhr morgens auf und stellen sich vor den Kiosken an. Manchmal kaufen sie die Zeitung für das 10- bis 20fache des offiziellen Preises von 10 Kopeken. Manchen erscheint dies als kleiner Preis für einen wirklichen, wenngleich flüchtigen Blick auf Glasnost."[24]

Mit seiner Kritik am Westen ist Gorbatschow nicht zimperlich, dafür liefert sein „Perestrojka"-Buch genügend Beweise. Wer aber vom Westen aus die Sowjetbevölkerung über Vorfälle informieren will, die dort unterschlagen werden, muß mit heftigen Beschimpfungen rechnen. So entrüstete sich TASS über eine „Welle der Spionenfurcht in der Bundesrepublik“, ohne die Verhaftung der Spione auch nur zu erwähnen. Diese Furcht sei von Rechtsextremisten zu einem Zeitpunkt hervorgerufen worden, da sich die Bemühungen zwischen den Ländern verbessert hätten.[25] Der neue Berliner Sender Glasnost berichtete über die Verhaftung von Demonstranten anläßlich der Gedenkfeier für Rosa Luxemburg und Karl Liebknecht im Januar 1988. Darauf Radio Moskau: „Offengestanden, hätte dieser Umstand an sich keine Aufmerksamkeit verdient. Ein Lügner mehr, ein Lügner weniger, wer würde sich schon darum kümmern? . . . Als aber ein Gruppe linksradikalistisch gestimmter Jugendlicher eine Werktätigenkundgebung zum Andenken an die Nationalhelden Karl Liebknecht und Rosa Luxemburg zu stören versuchte, beeilte sich der Sender Glasnost, ihr rowdyhaftes Verhalten für eine Willensäußerung der Öffentlichkeit auszugeben. Die Glasnost-Desinformatoren, die weiß für schwarz ausgeben, versuchen den gesetzlichen Charakter der Handlungen der DDR-Organe anzuzweifeln, die Maßnahmen zum Schutze der Bürger der Republik vor Provokateuren und öffentlichen Ruhestörern ergriffen haben.“[26]

Kaum hatte Gorbatschow seine Losung „Glasnost“ ausgegeben, kam die erste Bewährungsprobe. Am 26. April 1986 explodierte ein Teil des Kernkraftwerks in Tschernobyl, 130 km nördlich von Kiew, was zur größten Katastrophe in der Geschichte der friedlichen Nutzung der Atomenergie führte. Doch der Kreml läßt zunächst weder die unmittelbare Nachbarschaft, geschweige denn die weite mitbetroffene Welt in Kenntnis setzen. Ein in der Bundesrepublik weilender DDR-Rentner erzählte, frühere Arbeitskollegen, die sich in der Nähe von Kiew im Arbeitseinsatz befanden, hätten erst durch Telefonate aus der DDR von dem schrecklichen Ereignis erfahren. Doch von da ab sei kein Ferngespräch mehr möglich gewesen. Die Angehörigen in der DDR hätten ihrerseits die Kenntnisse zuerst und überwiegend vom Westfernsehen bezogen.

Zum Prozeß um die Explosionskatastrophe in Tschernobyl erhielten drei westliche Journalisten als Berichterstatter Zutritt. Bereits vom zweiten Tag an wurden sie ausgeschlossen. Radio Moskau: „Es muß genau ermittelt werden, inwieweit jeder von ihnen [den Angeklagten] an dem Unfall im April vorigen Jahres schuld ist . . . Das Gericht muß in einer ruhigen Atmosphäre alle Einzelheiten dieses Falles untersuchen. Deshalb findet seine nächste Sitzung bei geschlossenen Türen statt.“[27] (Westliche Agenturen, dpa, AP und Reuter, meldeten dagegen: „Vom sowjetischen Außenministerium wurde der Ausschluß mit fehlenden Unterkünften in Tschernobyl begründet.“)

Am Himmelfahrtstag 1987 gab es die spektakuläre Landung des deutschen Sportfliegers Rust auf dem Roten Platz in Moskau. Ein in der Bundesrepublik lebender Russe erzählte, er sei von einem Landsmann fernmündlich gefragt worden, wo denn die Maschine niedergegangen sei. Die sowjetischen Medien, Moskau News ausgenommen, hatten den Ort der Landung verschwiegen, um die Blamage tunlichst in Grenzen zu halten.

Anläßlich der Reise von Bundespräsident von Weizsäcker nach Moskau berichtete die Presse: „Wo immer Weizsäcker in seiner Tischrede deutsche Interessen anklingen ließ, reagierte der Rotstift fast allergisch, ob es sich um das Für und Wider der Gründung industrieller Gemeinschaftsunternehmungen handelte oder um die Familienzusammenführung.

Nicht einmal von dem Staatsoberhaupt eingeflochtene Zitate aus der Feder des kommunistischen Altvaters Marx oder eines Kant wurden toleriert . . . Selbst an ein russisches Sprichwort mochten die Zensoren nicht erinnert werden, denn auch die folgende Bemerkung des Bundespräsidenten fiel ihrem gestörten Verhältnis zu Glasnost zum Opfer: ‚Sicherheit bleibt für jede Seite unverzichtbar. Ein kluges russisches Sprichwort erinnert uns daran, daß niemand gern das Hühnchen sein möchte, welches der Rabe bis zum letzten Federchen küßt.'"[28]

Aufruf[29]

„Die gegenwärtigen Geschehnisse in Aserbaidshan verlangen dringend nach einer Intervention der weltweiten öffentlichen Meinung. In Kirowabad wurden über 130 Armenier umgebracht und mehr als 200 verletzt, und zwar von aserbaidshanischen Aufrührern, die von nationalistischer Leidenschaft getrieben waren. Fünf Tage währen nun schon mit stillschweigendem Einverständnis der Behörden die Morde, Vergewaltigungen und Brandstiftungen und greifen bereits auf andere Städte in Aserbaidshan über.

Presse und Fernsehen geben über die Geschehnisse unvollständige, nicht objektive, manchmal falsche und provokative Informationen. Die zentralen Behörden sind extrem unschlüssig und parteiisch. Armenier sehen sich einmal mehr der Gefahr eines Völkermordes gegenüber. Was in Sumgait und Kirowobad geschah, könnte ein Anfang sein. Dazu darf es nicht kommen.

Folgende Forderungen sind unerläßlich:
1. Vollständige und objektive Informationen über die Lage. Freier Zugang für sowjetische und ausländische Journalisten in Armenien und Aserbaidshan . . ."

Andrej Sacharow
25. November 1988

5. Kritik auch am Kremlchef?

Ebenso wie sich Tito, der frühere jugoslawische Staatspräsident, vom Rotationsprinzip, das er selbst eingeführt hatte, ausnehmen ließ, ebenso entzieht sich Gorbatschow selbst jeglicher Glasnost-Kritik. Gibt er zu Kritik etwa keinen Anlaß?

Erinnert sei an die zahlreichen Widersprüche in seinen Statements, die sich mit Glasnost im Sinne von Wahrhaftigkeit durchaus nicht vertragen.

Trotz der Millionen Touristen, die die Sowjetunion besuchen, und trotz der vielen Tausend Funktionäre und Sportler, die von dort in den Westen reisen, ist die Sowjetunion ein Staat, der die Welt aus- und die Landesbewohner einsperrt. Daß Sportler nur gruppenweise anzutreffen sind, ist hinlänglich bekannt. Aber auch die Funktionäre stehen zu einem Gespräch unter vier Augen kaum zur Verfügung.

Die westlichen Touristen werden bestens umsorgt. Ein Sich-Entfernen aus der Reisegesellschaft wird aber mit Mißmut registriert. Auf die gezielte Anfrage, welche Teile der Sowjetunion für Touristen überhaupt zugänglich seien, lautete die Antwort: „Unseres Wissens gibt es kein spezielles Buch, welches Auskunft gibt über die Gebiete in der SU, die von Touristen bereist werden können. Anhand der Liste . . . im Katalog von Hansa-Tourist können Sie jedoch ersehen, welche Städte (und deren Umgebung) für Touristen zugänglich sind . . . Auskunft gibt sicher auch die Botschaft der UdSSR . . ." Doch die Anfrage bei der Botschaft blieb, Glasnost hin oder her, ohne Antwort.[30] Selbst für Sowjetbürger ist Freizügigkeit im eigenen Land ein Fremdwort.

Daß die Zahl der aus politischen Gründen Inhaftierten nicht publiziert wird, ist nur zu verständlich, da es offiziell derlei Häftlinge gar nicht gibt (V 2 b). Die Zeitschrift „Menschenrechte" schreibt: „Als im Februar 1987 rund 200 Gefangene aus den Straflagern entlassen wurden, waren darunter 30, die der IGfM bis dahin unbekannt gewesen sind. Ein Brief, der uns jetzt erreichte, ist ein neuer Beweis für die Tatsache, daß es noch immer eine unbekannte Zahl von Menschen gibt, die aus politischen Gründen eingesperrt sind. Wir wissen nicht einmal, wie viele Straflager es tatsächlich gibt."[31]

„La Russie en 1839" lautet der Titel eines Buches, das der Franzose Astolphe de Custine 1843 veröffentlicht hat.[32] Die Lektüre ist dringend zu empfehlen, auch wenn sie wenig Erfreuliches bietet, da sie uns zeigt, wie trotz der gewaltigen Veränderungen auf so vielen Gebieten im Umfeld von Glasnost die Zeit in Rußland stehengeblieben ist:

Bevor de Custine in Petersburg vom Schiff darf: „Was wollen Sie in Rußland?" „Das Land sehen." „Das ist kein Beweggrund zur Reise." „Ich habe keinen anderen." „Was gedenken Sie in Petersburg zu sehen?" „Alle Personen, die mir erlauben, ihre Bekanntschaft zu machen." „Wie lange gedenken Sie, in Rußland zu bleiben?" „Das weiß ich nicht." „Ungefähr?" „Einige Monate." „Haben Sie eine öffentliche diplomatische Sendung?" „Nein." „Eine geheime?" „Nein." „Eine wissenschaftliche?" „Nein." „Sind Sie von Ihrer Regierung abgesandt, um den geselligen und den politischen Zustand des Landes zu beobachten?" „Nein." „Von einer Handelsgesellschaft?" „Nein." „Sie reisen frei und bloß aus Neugierde?" „Ja." „Warum haben Sie sich nach Rußland gewendet?" „Ich weiß es nicht." etc. etc.

„Als ich aber meinen Koffer vor den Zollbeamten öffnen mußte, begannen diese neuen Feinde die sorgsamste Arbeit in meinen Effekten, namentlich in meinen Büchern. Diese wurden mir in Masse und ohne Ausnahme weggenommen, wenn auch mit der äußersten Artigkeit. Auf meine Reklamationen achtete man nicht im entferntesten."

„Die Härte der Regierung und die gewöhnliche Spioniererei macht hier die Charaktere melancholisch und die Eitelkeit mißtrauisch. Man fürchtet immer jemanden und etwas und das Schlimmste dabei ist, daß diese Furcht begründet ist."

De Custine gewahrte zwei Gesichter dieser Nation: „Diese beiden Nationen sind Rußland, wie es ist, und Rußland, wie man es dem Fremden zeigen möchte."

Wer das, was sein soll, nicht für die Wirklichkeit hält, macht sich suspekt, denn „jede Mißbilligung halten sie für einen Verrat; jede harte Wahrheit nennen sie eine Lüge. Sie werden deshalb schwerlich erkennen, welche zarte Bewunderung unter meinem scheinbaren Tadel und welches Mitgefühl, in gewisser Hinsicht, unter meinen strengsten Bemerkungen liegt."

De Custines Fazit lautet: „Rußland hat Polizei; wann es Zivilisation erhalten wird, weiß Gott . . ."

Und auch der Rat, den er abschließend erteilt, hat nichts von seiner Aktualität eingebüßt: „Ist Ihr Sohn unzufrieden in Frankreich, so wenden Sie mein Mittel an; sagen Sie zu ihm: Reise nach Rußland! Diese Reise ist jedem Ausländer von Nutzen; wer dieses Land recht genau besehen hat, wird in jedem anderen zufrieden leben."

Die Nagelprobe für Glasnost ist doch, ob auch an Gorbatschow selbst und seiner Politik Kritik geübt werden darf, öffentlich Kritik geübt wird. Mit Blick auf die führenden Zeitungen und die führenden Politiker ist ein doppeltes klares Nein die Antwort.

Kaum hatte die nach der Prawda und der Regierungszeitung Iswestija drittwichtigste Zeitung der UdSSR, Sowjetskaja Rossija, am Reformkurs des Kreml-Chefs Kritik geübt, übernahm sie die negative Reaktion des Zentralorgans der Partei, der Prawda, die von einem „Manifest der Gegner der Perestrojka" gesprochen hatte: „Wir teilen die Schlußfolgerungen und den Inhalt der Kritik".[33] Seither druckt die Zeitung nur noch positive Stellungnahmen zu Gorbatschows Politik. Sowjetskaja Rossija hatte sich einer „Linksabweichung" schuldig gemacht, indem sie den Reformkurs abbremsen wollte. Mit ihrer Selbstkritik und tätigen Reue erreichte sie die Lossprechung von ihrer Verfehlung. Boris Jelzin, der Moskauer Parteichef, wollte Perestrojka beschleunigen, ein „Rechtsabweichler" also. Auch derlei Tendenzen werden nicht geduldet, zumal er sich, man höre und staune, „unter Umgehung des

Politbüros“ direkt an das Plenum des Zentralkomitees – nicht etwa die Öffentlichkeit – gewandt hatte. Unter anderem rügte er unzulängliche Verwirklichung von Glasnost. Die Folge: Auch er mußte, nun aber öffentlich – Time-Magazin erinnert an Stalins Schauprozesse der dreißiger Jahre – eine entwürdigende Selbstkritik üben und verlor gleichwohl alle Parteiämter:

„Einer meiner bemerkenswertesten Charakterzüge, nämlich Ehrgeiz, ist vor kurzem offenbar geworden. Ich versuchte, ihn unter Kontrolle zu bringen, aber leider ohne Erfolg. Ich habe mich sehr schuldig gemacht gegenüber dem Parteikomitee, dem Politbüro und sicherlich auch Michail Sergejewitsch Gorbatschow.“[34] Voraussichtlich wird Jelzin jedoch Moskau im Volksdeputiertenkongreß vertreten. Die Moskauer haben ihn mit überwältigender Mehrheit gewählt.

Gegenwärtig sei jede Kritik an Generalsekretär Gorbatschow unverantwortlich, äußerte Nikolai Portugalow, der Verantwortliche für deutschlandpolitische Fragen im Zentralkomitee der KPdSU, anläßlich der „Aschaffenburger Gespräche“ 1988.[35]

Ja, man darf ungestraft alles sagen, was Gorbatschow gerne hört. Wer aber Glasnost mißversteht, dem wird ein Maulkorb verpaßt. Dabei beteuert Gorbatschow: „In der Partei darf es niemanden geben, der über alle Kritiken erhaben ist, oder jemanden, der keine Kritik üben darf.“[36]

VIII „Die Parteilichkeit der Wahrheit“ prägt Gorbatschows Geschichtsbild

„Die Geschichte muß so gesehen werden, wie sie ist.“ Es dürfe „vergessene Namen weder in der Geschichte noch in der Literatur geben“,[1] so Gorbatschow auf dem 27. Parteitag. Aber Gorbatschow wäre nicht Großmeister der marxistischen Dialektik, hätte er nicht gleich hinzugefügt, daß das Leninsche Postulat „der Parteilichkeit der Wahrheit“ aufrechterhalten werden müsse.

Aus alledem wurde immerhin der Schluß gezogen: „Die historische Analyse ... setzt praktisch die Notwendigkeit eines neuen Herangehens an die Geschichte der Partei ... voraus ... Manche glauben, alles, was über die Geschichte der Partei bisher geschrieben worden ist, sei richtig gewesen ... Andere sind der Meinung, die Geschichte sei fast absolut neu zu schreiben.“[2]

In seiner Marathonrede anläßlich des 70. Jahrestages der Oktoberrevolution, für die 2 Stunden 41 Minuten gemessen wurden,[3] machte Gorbatschow anschaulich, was „Parteilichkeit der Wahrheit“ mit Blick auf die rote Geschichte des eigenen Landes meint. „Jedem Personenkult abhold“ sprach er zu Füßen von Lenins übergroßem weißen Standbild. So makellos wie der Marmor blieb auch die Erinnerung an Lenin. „Wie könnten wir denn der Ansicht zustimmen, 1917 sei ein Fehler gewesen?“[4] Das ist in der Tat Ansichtssache. Doch für den, der den westlichen Freiheitsbegriff bejaht, hat Lenin das freieste Rußland, das es je gab, in einen der unfreiesten Staaten der Erde verwandelt.[5]

1. Die Ära Lenin

Wer, wie Schmidt-Häuer von der „Zeit", die Auffassung vertritt, es habe 1917 keine Alternative gegeben,[6] der verkennt insbesondere den enormen wirtschaftlichen Aufschwung des Landes unmittelbar vor dem Ersten Weltkrieg, desgleichen die Vorbereitung zur Wahl einer verfassunggebenden Nationalversammlung. Sollten die Russen weniger als andere Nationen befähigt sein, auf demokratischer Basis ihre Probleme zu meistern?

Das Fehlen echter Alternativen kann nicht nur nicht bewiesen, es kann auch nicht glaubhaft gemacht werden. Das war Lenins Werk:

„Eine Revolution ohnegleichen in der Geschichte – aber auch ohnegleichen in der Zahl der Opfer. Rund 24 Millionen Menschen kamen ums Leben: durch den Umsturz, durch den Bürgerkrieg, durch eine wenn nicht willentlich herbeigeführte, so doch zynisch geduldete Hungerkatastrophe, durch Zwangskollektivierung und durch systematischen Terror in der stalinistischen Ära."[7]

Lenin und Trotzki warben mit den Parolen „Alle Macht den Räten" und „Frieden, Brot und Land" und versprachen das Sezessionsrecht auf der Grundlage des Selbstbestimmungsrechts der Völker. Alle Zusagen wurden von Lenin und Stalin gebrochen. Statt Frieden Bürgerkrieg, statt Brot Hungersnot, statt neues Land Zwangskollektivierung. Das „Völkergefängnis Rußland", so Lenin, wurde nur kurzfristig aufgebrochen, die Entlaufenen, die Finnen ausgenommen, wieder eingelocht. Der mit Billigung Lenins angezettelte mörderische Klassenkampf mündete in den Bürgerkrieg. Schon 1914 äußerte Lenin: „Die Umwandlung des gegenwärtigen imperialistischen Krieges in den Bürgerkrieg ist die einzig richtige proletarische Parole."[8]

Während des Bürgerkrieges: „Unser Krieg ist die Fortsetzung der Politik der Revolution, des Sturzes der Exploiteure, Kapitalisten und Gutsbesitzer."[9]

Besonders bezeichnend die folgende Glosse Lenins: „Die Rede ist von ‚Blutströmen' im Bürgerkrieg . . . Diese Wendung wiederholen alle Bourgeois und Opportunisten bis zum Überdruß . . . Alle bewußten Arbeiter haben darüber gelacht und werden darüber lachen."[10]

Um Lenins Glanz nicht zu relativieren, läßt Gorbatschow Leo Trotzki, den Mitbegründer der Sowjetunion und geistigen Vater der Roten Armee, in jenem trüben Lichte, in das ihn Stalin gerückt hat. Auch dafür beruft sich Gorbatschow auf Lenin, freilich wiederum in recht unwissenschaftlicher Eigenwilligkeit. Er habe „in vollem Maße die Leninsche Charakteristik seiner Person als eines unmäßig selbstsicheren, sich stets drehenden und windenden betrügerischen Politikers" bestätigt.[11] Bei Lenin aber steht zu lesen, nachdem er mit Blick auf Stalin einen Vorbehalt geäußert hat: „Andererseits zeichnet sich Genosse Trotzki nicht nur durch seine außergewöhnlichen Fähigkeiten aus . . ., sondern er ist auch sicherlich der fähigste Mann im augenblicklichen Zentralkomitee. Aber er neigt auch dazu, durch sein zu weitgehendes Selbstvertrauen sich zu sehr für die rein administrative Seite der Dinge zu interessieren."[12]

Die seit 1918 in Rußland angeblich herrschenden „Sowjets" wurden rasch zu verlängerten Armen der Parteibürokratie, zu „stummen Statisten" ohne reale Macht.[13] Die Bezeichnung „Sowjetunion" signalisiert für den Kenner die gewaltige Kluft zwischen Schein und Sein.

2. Für und wider Stalin

Lenin, die eherne Lichtgestalt, Trotzki, der feige Betrüger, und dazwischen, wie es jedes Drehbuch wünscht, der janusköpfige Stalin. Gorbatschow: „Wenn wir bei der historischen Wahrheit bleiben wollen, müssen wir sowohl den unbestrittenen Beitrag Stalins zum Kampf für den Sozialismus und zur Verteidigung seiner Errungenschaften sehen als auch die groben politischen Fehler und die Willkürakte, die er und die Personen um ihn begangen haben . . ."[14]

Stalin wird immer wieder Personenkult zur eigenen Ehre vorgeworfen. Von derlei Anwandlungen sei Lenin frei gewesen. Doch auch der Lenin-Kult begann zu Lenins Lebzeiten. Im Herbst 1918 wurde ein Industrieort in der Nähe von Moskau in „Leninsk" umbenannt. Im Sommer 1920 schrieb das amtliche Organ des Innenkommissariats: „Vor drei Jahren hat der neue Gott der Menschheit, Lenin, den Weg zur Herrschaft des Sozialismus gezeigt."[15]

Während die Abrechnung Chruschtschows mit Stalin hinter verschlossenen Türen stattfand – vor 32 Jahren, sprach Gorbatschow vor den laufenden Fernsehkameras. Freilich, Chruschtschow ging mit dem verblichenen Diktator weit härter ins Gericht als Gorbatschow. Auch nannte er Daten, Fakten und Namen. Doch die Rehabilitierung machte erst in jüngster Zeit deutliche Fortschritte. Bis Mitte 1988 wurden 636 Personen juristisch und 68 politisch entlastet,[16] verglichen mit den Tausenden, von denen Gorbatschow sprach, und den Millionen, die es tatsächlich waren, nur eine symbolische Zahl.

Ein großes Ausrufezeichen ist hinter jene Passage zu setzen, wonach die Zwangskollektivierung der Bauernschaft der damals „einzig mögliche Kurs" für die Partei gewesen sei. Sogar die sonst mit Blick auf die Sowjetunion im allgemeinen und

Rund um das Stalin-Denkmal
Aus „Krokodil" (Satirezeitschrift), Nr. 20/1988

Gorbatschow im besonderen ziemlich unkritische „Zeit" entrüstet sich:

„Ist selbst dieser reformorientierte Parteichef der Gefangene des kommunistischen Systems und der byzantinischen Tradition geblieben, für die es hinter tausend Fassaden keine heile Welt gibt? . . . Das vieldiskutierte Zentrum der Kompromisse, die der Generalsekretär unverkennbar in Kauf nahm, war die Verharmlosung der Verbrechen und der Fehlentscheidungen Stalins. Hier ist die Parteiführung hinter die Bewegung zurückgefallen, die sie selbst ausgelöst hat. Mehr noch: Daß es auch nach der jetzigen Lesart keine Alternative zu Stalins Weg gegeben haben soll, ist eine neuerliche Bloßstellung des Leninschen Erbes. Und jene konservativen Ideologen im Westen, für die der Sieg der Bolschewiki logisch und zwangsläufig zu Stalins Despotie geführt hat, können sich bestätigt fühlen."[17]

Ob es sich wirklich um ein Zugeständnis handelt? Tatsache ist, daß sich Gorbatschow auch in seinem „Perestrojka"-Buch dazu bekennt und dabei Argumente anführt, die nur ein ungläubiges Kopfschütteln verdienen: „Wenn die Kollektivierung nicht stattgefunden hätte, könnten wir heute nicht einmal daran denken, 200 Millionen Tonnen Getreide zu produzieren, und schon gar nicht die 250 Millionen Tonnen, die unsere Pläne für die nahe Zukunft vorsehen. Wir haben sogar schon den Gesamtertrag an Weizen aller EG-Länder übertroffen, und das, obwohl unsere Bevölkerungszahl kleiner ist."[18] Er will offenbar nicht wissen, daß es nicht auf die Bevölkerungszahl, sondern auf die Ackerfläche ankommt, daß Rußland früher Getreide exportiert hat, daß die EG Anbauflächen stillegt, um die Getreidehalden abzubauen.

Mit dem Versuch, diese Verbrechen zu rechtfertigen, übernimmt Gorbatschow eine gewaltige Hypothek. Was damals, z. B. in der Ukraine, tatsächlich geschah, kann recht zuverlässig den jetzt zugänglichen Akten des deutschen Auswärtigen Amtes entnommen werden.[19] Bislang wurden 10 Millionen Opfer angenommen, jetzt bereits 22 Millionen.

Ein weiteres Fragezeichen ist hinter Gorbatschows Ausführungen zum Hitler-Stalin-Pakt zu setzen. Er verstrickt sich in das Netz der Stalinschen Rechtfertigungslügen, obwohl er doch wissen müßte, daß es gerade in der von ihm begünstigten Diskussionsphase nicht halten kann. Hätte er doch geschwiegen! So aber wird ihm eine Lektion erteilt werden, die ihn wie einen Analphabeten der Geschichte dastehen läßt. Auf die Dauer wird man sich nicht von seinen verbalen Attakken einschüchtern lassen:

„Heute wird im Westen lebhaft über die Situation in der Vorkriegszeit diskutiert. Wahrheit wird mit Halbwahrheit vermischt. Besonders eifrig ergehen sich darin diejenigen, die mit den politischen, territorialen und sozialen Ergebnissen des

Zweiten Weltkriegs unzufrieden sind und weiterhin darauf sinnen, sie zu korrigieren. Daher sind sie auch daran interessiert, die historische Wahrheit auf den Kopf zu stellen, die Zusammenhänge zu verdrehen und die Chronologie zu verfälschen. Dabei ist ihnen jede Lüge recht . . ."[20]

So geht es weiter über zwei Zeitungsspalten. Doch kein Wort von der Klüngelei, Kumpanei, „Freundschaft" zwischen Stalin und Hitler, zwischen dem Sowjetstaat und dem Deutschen Reich. Schon im März 1939 hatte Stalin auf dem 18. Parteitag die Westmächte als Kriegstreiber angegriffen und das „grundsätzlich gute Verhältnis zum Dritten Reich" hervorgehoben.[21]

Wohl um Hitler die Aufnahme von Verhandlungen zu erleichtern, wurde im Mai 1939 der Jude Litwinow von Molotow als Außenminister abgelöst.

Der erste Wink, der zu den Paktverhandlungen führte, kam aus Moskau. In seinem Buch „Meine Danziger Mission" schreibt der Völkerbundkommissar C. J. Burckhardt: „Die deutschen Führer haben sich später gerühmt, sie hätten Stalins Wink damals verstanden, und Stalin selber habe Ribbentrop daran erinnert, daß er den Wink gegeben habe."[22]

Diesen Wink gab Stalin in seiner Rede vom 10. März 1939. Fünf Tage später ließ Hitler seine Truppen Prag besetzen.

Kein Wort über die Geheimabsprachen zum „Nichtangriffspakt" vom 23. August 1939, nämlich das Zusatzprotokoll vom gleichen Tag, sowie den Grenz- und Freundschaftsvertrag vom 28. September mit mehreren Anhängen. In ihnen teilen die beiden Kriegsverbrecher Hitler und Stalin die osteuropäischen Pufferstaaten und Randgebiete unter sich auf wie andere eine Schachtel Pralinen.[23]

Valentin Falin, der, wie erwähnt (VII 1), „Glasnost" mit Offenheit und Ehrlichkeit übersetzt und sich vorbehaltlos dazu bekennt, will Stalin mit der Behauptung entlasten, daß die „Verlegung sowjetischer Streitkräfte in die West-Ukraine und nach Belo-Rußland“ erst erfolgte, als die „polnischen staatlichen Institutionen schon kein Lebenszeichen mehr von sich gaben“. Er vergißt dabei, daß Molotow die Verluste der Roten Armee mit 737 Toten und 1842 Verwundeten angab und Stalin in einem Telegramm an Hitler vom 25. Dezember 1939 betont, die „Völkerfreundschaft“ zwischen Deutschland und der Sowjetunion sei mit „Blut gefestigt“ worden.[24]

Wie sehr sich in den folgenden Monaten Stalin geradezu vorbehaltlos auf die Seite des Hauptkriegsverbrechers Hitler stellte, grenzt an das schier Unglaubliche. Der Wert der sowjetischen Ausfuhren nach Deutschland stieg im ersten Kriegsjahr auf das 30fache[25] gegenüber dem Jahr vorher und erleichterte Hitler die Kriegsführung im Norden, Westen und Südosten.

In allen Ländern, die damals in den Weltkrieg hineingerissen wurden, standen die kommunistischen Parteien dem Aggressor freundlicher gegenüber als dem eigenen Vaterland. Ihr erstes (ideologisches) Vaterland war eben die mit Hitler befreundete Sowjetunion.

Freundschaftlich waren auch die Verlautbarungen Moskaus zu den aggressiven Operationen der deutschen Armee. Die Führung im Kreml gab den Franzosen und Engländern die Schuld am Krieg und gratulierte Hitler zu allen größeren Erfolgen der deutschen Wehrmacht.[26]

Bei Gorbatschow aber heißt es, die Tatsachen völlig auf den Kopf stellend: „Wir können jedoch auf keinen Fall der Ansicht zustimmen, die Sowjetunion habe sich ‚erst‘ 1941 dem Kampf gegen Nazi-Deutschland angeschlossen . . .“[27]

Erfreulich in diesem Zusammenhang ist nur, daß nun auch in der Sowjetunion Stimmen laut werden, die den Hitler-Stalin-Pakt als „größte verbrecherische Fehlrechnung" des Despoten bezeichnen und bitter darüber Klage geführt wird, daß das geheime Zusatzprotokoll nahezu in der ganzen Welt publiziert worden sei, während sowjetische und polnische Geschichtswissenschaftler keinen Zugang hätten."[28]

Die Rehabilitierung einzelner, meist verstorbener Personen ist eine durchaus anerkennenswerte Tat. Von der Wiedergutmachung an jenen Völkern, die infolge dieser verbrecherischen Verträge ihr Selbstbestimmungsrecht eingebüßt haben, ist jedoch, trotz Glasnost, mit keiner Silbe die Rede. Vielmehr wird so getan, als hätten die Opfer dieser brutalen Vergewaltigungen ihre Preisgabe ersehnt: „Was die Garantie der Verteidigung des Baltikums betrifft, so übernahm die englische Regierung keine klaren und festen Verpflichtungen für den Fall eines faschistischen Überfalls auf das Baltikum. Deshalb wurde 1940 im Ergebnis einer demokratischen Bewegung in Litauen, Lettland und Estland von den Völkern dieser Länder der Beschluß über die Wiederherstellung der Sowjetmacht und den Eintritt in das Bündnis der Sowjetrepubliken als souveräne Republiken gefaßt."[29]

Zu den Verbrechen der Roten Armee oder des KGB in Katyn schweigt Gorbatschow und beläßt es bis auf weiteres bei den „weißen Blättern", deren Beschriftung er bei passender Gelegenheit immer wieder fordert. Aber auch diesbezüglich werden die Stimmen lauter, die eine rücksichtslose Aufklärung zum Ziele habe.[30]

Katyn war nur die Spitze des Eisbergs. Im April und Mai 1943 wurden im Walde von Katyn 4143 tote Offiziere exhumiert, die zu einem großen Teil auch identifiziert werden konnten. Die Zahl der spurlos verschwundenen polnischen Kriegsgefangenen in sowjetischem Gewahrsam beträgt jedoch weit über 100 000.

3. Die Nach-Stalin-Ära

Wer Gorbatschows Erklärungen zum sozialistischen Internationalismus und zum Selbstbestimmungsrecht auch der sozialistischen Staaten hört (XI 2), ist versucht anzunehmen, daß sich unter seiner Ägide eine Intervention der Roten Armee wie 1956 in Ungarn, 1968 in der ČSSR, 1979 in Afghanistan nicht wiederholen würde. Andererseits aber hat er bis heute keine dieser Aktionen bedauert, obgleich dabei Millionen Menschen (Afghanistan) den Tod fanden und internationales Recht auf flagrante Weise verletzt wurde. Er versucht vielmehr, diese imperialistischen Aktionen zu rechtfertigen. Höchst aufschlußreich ist,was Moskau News, der von deutschen Trojanern gezogene Pegasus, in diesem Zusammenhang zum besten gibt: „1968 verstand es die tschechoslowakische Presse, die große Freiheiten erlangt hatte, nicht, davon im Interesse der sozialistischen Entscheidung des Volkes Gebrauch zu machen. Sie wurde in den Händen rechter Kräfte zu einem Werkzeug der Spaltung und der Fehlorientierung."[31]

Und im Vorspann heißt es: „In der Nacht vom 20. zum 21. August 1968 sind Truppen von fünf Staaten des Warschauer Vertrages in die Tschechoslowakei einmarschiert. Dies geschah, nachdem Parteipolitiker und Staatsmänner der ČSSR sich an die UdSSR und andere Bündnisstaaten gewandt hatten, dem Volk der Tschechosloswakei sofortige, auch militärische Hilfe, zu leisten."

Ja, einige Verräter mag es gegeben haben. Die politische Führung der ČSSR hingegen wurde verhaftet: Dubček, Smrkovský und Kriegel, ferner auch Ministerpräsident Černik. Auf ihrer etwa 14tägigen „Reise“ wurden sie, voneinander getrennt, mißhandelt, bis sie unter Todesdrohungen bereit waren, einen Unterwerfungsvertrag zu unterzeichnen.

Zum 20. Jahrestag der Intervention veröffentlichte die Charta 77 eine Erklärung, in der es u. a. heißt: „Sollte wirklich jemand die fremden Truppen in unser Land geholt haben, wie gelegentlich offiziell behauptet wird, so möge er endlich aus der feigen Anonymität hervortreten, sich dazu bekennen und seine Vorgehensweise erklären . . . Schließlich fordern wir die sowjetische Führung dazu auf, auch dieses Tabu zu brechen, Raum für eine sachliche Beurteilung der Ereignisse im Jahre 1968 zu schaffen und daraus die Konsequenzen zu ziehen.“[32]

Allzu leicht wird vergessen, daß die Lockerung der Leine, die die Satellitenstaaten mit Moskau verbindet, schon 1956 zu Fehlschlüssen und falschen Hoffnungen Anlaß gegeben hat. Als damals Chruschtschow den Jugoslawen feierlich das Recht zubilligte, einen „eigenen Weg zum Sozialismus“ zu beschreiten,[33] wurde dies als Ende der totalitären Bevormundung mißverstanden, was eben dann zu den blutigen Ereignissen in Ungarn führte.

Zu alledem paßt Gorbatschows Eintragung in das „Gästebuch des Stadtkommandanten der Hauptstadt der DDR“. Die monströse Schandmauer des Sozialismus preist Gorbatschow mit folgenden Worten: „Am Brandenburger Tor kann man anschaulich sehen, wieviel Kraft und welch echten Heroismus der Schutz des ersten sozialistischen Staates auf deutschem Boden vor den Anschlägen des Klassengegners verlangt . . . Ewiges Gedenken den Grenzsoldaten, die ihr Leben für die sozialistische DDR gegeben haben!“[34]

IX „Sozialistische Demokratie"

1. „Wir brauchen die Demokratie wie die Luft zum Atmen"

Die Parole Gorbatschows: „Wir brauchen die Demokratie wie die Luft zum Atmen" klingt so glaubwürdig ansprechend, daß sie gleich in der Bundesrepublik als Buchtitel Verwendung gefunden hat.[1] Die zentrale Überschrift der Frankfurter Allgemeinen Zeitung auf der ersten Seite ganz oben Mitte lautete am 29. Juni 1988: „Gorbatschow: Die Menschen verlangen totale Demokratie, Demokratie ohne Vorbehalte". Im folgenden Text wird Gorbatschow ausführlicher zitiert: „Es kann keinen Kompromiß geben . . . Die nächsten Jahre werden das Schicksal unseres Landes entscheiden . . . Die Menschen verlangen totale Demokratie, reinblütige Demokratie . . ."

Und weiter heißt es: Die Kommunistische Partei müsse ihre Befehlsgewalt in allen Bereichen des Lebens aufgeben und gewählten Gremien auf allen Ebenen unabhängiges Handeln erlauben.

In seinem Buch „Perestrojka . . ." äußert sich Gorbatschow ähnlich positiv und auf den ersten Blick unmißverständlich: „Kurz gesagt, wir brauchen eine umfassende Demokratisierung aller Bereiche der Gesellschaft. Diese Demokratisierung ist auch der wichtigste Garant dafür, daß die gegenwärtigen Prozesse weitergehen. Heute wissen wir, daß wir viele dieser Schwierigkeiten hätten vermeiden können, wenn ein demokratischer Prozeß sich in unserem Lande normal entwickelt hätte."[2] Und ist es nicht beglückend, wenn er so weit geht, daß er fordert: „Soll jede Nation für sich entscheiden, welches System und welche Ideologie besser ist."[3]

Doch Gorbatschow selbst ist es, der diese verheißungsvolle Zukunftssymphonie mit schrillen Zwischenrufen unterbricht: „In der bürgerlichen Presse wird unser Demokratisierungsprozeß ganz falsch interpretiert. Vermutlich will man die Leser überzeugen, daß man in der Sowjetunion bestrebt ist, sich einer Demokratie anzunähern, wie sie im Westen herrscht. Die Sache verhält sich aber völlig umgekehrt. Wir entwickeln das ursprüngliche Wesen der Leninschen Prinzipien des sowjetischen sozialistischen Demokratismus . . .“[4] Seine „reinblütige Demokratie ohne Vorbehalte“ hat mit der westlichen Demokratie wenig gemeinsam. Lenin zitierend spottet er: „Die Bürger im Westen würden von der wirklichen politischen Macht ferngehalten und erhielten allein die Möglichkeit ‚während eines Wahlkampfes zu entscheiden, wer sie für die nächste Periode zum Narren halten wird‘.“[5]

Nach ihm ist die Leninsche Demokratie die wahre Demokratie: „Im Westen wird Lenin oft als Verfechter autoritärer Verwaltungsmethoden dargestellt. Diese Betrachtungsweise ist ein Zeichen völliger Unkenntnis der Leninschen Ideen und nicht selten sogar ihrer bewußten Verzerrung. In Wahrheit sind Sozialismus und Demokratie nach Lenin untrennbar.“[6]

2. Volk, Partei, Diktatur

Der unmittelbare Wortsinn von Demokratie ist unbestritten: Volksherrschaft. Herrschaft heißt den Ton angeben, entscheiden. Aber: „Was heißt Volk?“, so fragt schon Nathan der Weise in Lessings gleichnamigem dramatischen Schauspiel. Können die Angehörigen nur einer Rasse, nur einer Klasse, nur einer Partei, nur einer Nation, nur einer Religion *das Volk schlechthin* sein, auch wenn auf dem fraglichen Territorium Menschen anderer Rassen, Klassen, Nationen oder Religionen leben?

Wer sich nicht willkürlich vom üblichen Sprachgebrauch entfernt, antwortet mit Nein. Insofern gibt es offenbar sogar einen Konsens zwischen Ost und West. Die ersten Artikel der geltenden Verfassung der Sowjetunion stellen klar:

„Art. 1: Die Union der Sozialistischen Sowjetrepubliken ist ein sozialistischer Staat des gesamten Volkes, der den Willen und die Interessen der Arbeiter, der Bauern und der Intelligenz, der Werktätigen aller Nationen und Völkerschaften zum Ausdruck bringt.

Art. 2: Die ganze Macht in der UdSSR gehört dem Volk."

In keinem Staat der Erde herrscht die Gesamtheit der Bürger dergestalt, daß sie alle politischen Entscheidungen träfe. Das ist nicht möglich, wird immer utopisch bleiben. Volksherrschaft kann daher nur besagen, was vom Grundgesetz der Bundesrepublik Deutschland (Art. 20 Abs. 2) mit den Worten wiedergegeben wird: „Alle Staatsgewalt geht vom Volke aus." Alle Amtswalter müssen demokratisch legitimiert sein, sei es unmittelbar durch das Volk oder mittelbar durch die vom Volk Gewählten.

Auch insofern stimmt die Verfassung der Sowjetunion mit dem Grundgesetz überein (Art. 2 Abs. 2 und 3, Art. 3 Satz 1): „Das Volk übt die Staatsgewalt durch die Sowjets der Volksdeputierten aus, die die politische Grundlage der UdSSR bilden. Alle anderen Staatsorgane unterstehen der Kontrolle der Sowjets der Volksdeputierten und sind ihnen rechenschaftspflichtig.

Die Organisation und die Tätigkeit des Sowjetstaates gestalten sich in Übereinstimmung mit dem Prinzip des demokratischen Zentralismus: der Wählbarkeit aller Organe der Staatsmacht von unten nach oben, ihrer Rechenschaftspflicht gegenüber dem Volk und der Verbindlichkeit der Beschlüsse der übergeordneten für die untergeordneten Organe."

Wahlen sind daher unverzichtbare Merkmale der Demokratie. Dabei sollte es sich von selbst verstehen, daß nicht alles, was als „Wahl“ firmiert, die Bezeichnung verdient. Das ganze mündige Volk muß ohne oder unter Zuhilfenahme von Parteien bestimmen können, wer und was zur Wahl steht. Die Wahl selbst muß frei, gleich und geheim sein, wobei eine freie Wahl Meinungsfreiheit, Pressefreiheit, Informationsfreiheit, Versammlungsfreiheit und Vereinigungsfreiheit zur Voraussetzung hat. „Gleich“ meint nicht nur, daß jede Stimme in gleicher Weise gezählt wird, verbietet vielmehr auch jede Benachteiligung durch Amtswalter. Und geheim ist eine Abstimmung nicht schon dann, wenn der Wähler eine Kabine aufsuchen kann, sondern nur, wenn er sie aufsuchen muß. Alle diese Merkmale echter Wahlen werden bislang in der Sowjetunion (wie auch in der DDR und in den meisten anderen sozialistischen Staaten) nur auf dem Papier verbürgt.

So heißt es in Kapitel 13 der Verfassung: „Die Wahl der Deputierten zu allen Sowjets der Volksdeputierten erfolgt auf der Grundlage des allgemeinen, gleichen und unmittelbaren Wahlrechts in geheimer Abstimmung . . . Das Recht, Kandidaten für die Wahl zu Deputierten aufzustellen, haben die Organisationen der Kommunistischen Partei der Sowjetunion, der Gewerkschaften, des Leninschen Kommunistischen Jugendverbandes der Sowjetunion, die genossenschaftlichen und anderen gesellschaftlichen Organisationen . . . Den Bürgern der UdSSR und den gesellschaftlichen Organisationen wird die freie und allseitige Erörterung der politischen, fachlichen und persönlichen Eigenschaften der Kandidaten für die Wahlen zu Deputierten sowie das Recht garantiert, in Versammlungen, in der Presse, in Fernsehen und Rundfunk Agitation zu betreiben.“

Es erübrigt sich hier der Nachweis, daß diese Zusage, ja, diese Rechte unerfüllt geblieben sind. Das ist im Westen so gut wie unstreitig. Und was könnte die verheißene Demokratisierung noch bringen, wenn dies alles bereits Wirklichkeit wäre. Schon der Verfassungstext selbst weckt schwerste Zweifel an der Gültigkeit der eben verlesenen „verfassungsrechtlichen Normen“. Denn Art. 6 bestimmt: „Die führende und lenkende Kraft der sowjetischen Gesellschaft, der Kern ihres politischen Systems, der staatlichen und gesellschaftlichen Organisationen ist die Kommunistische Partei der Sowjetunion . . . Mit der marxistisch-leninistischen Lehre ausgerüstet, legt die Kommunistische Partei die allgemeine Perspektive der Entwicklung der Gesellschaft, die Linie der Innen- und Außenpolitik der UdSSR fest, leitet die große schöpferische Tätigkeit des Sowjetvolkes und verleiht seinem Kampfe für den Sieg des Kommunismus planmäßigen, wissenschaftlich begründeten Charakter.“ Schon daraus geht eindeutig hervor, daß nur solche Leute politische Macht ausüben dürfen, die diese Grundlagen und Ziele bejahen, also alle Andersdenkenden ausgeschlossen sind und sich eben nicht als Kandidaten einer freien Wahl präsentieren dürfen.

Auch die Präambel spricht insofern eine klare Sprache: „Das gesellschaftliche Eigentum an den Produktionsmitteln und die wahre Demokratie für die werktätigen Massen wurden eingeführt. Zum ersten Mal in der Geschichte der Menschheit wurde eine sozialistische Gesellschaft geschaffen . . . Die entwickelte sozialistische Gesellschaft ist eine gesetzmäßige Etappe auf dem Weg zum Kommunismus. Das höchste Ziel des Sowjetstaates ist der Aufbau der klassenlosen kommunistischen Gesellschaft . . .“ Laut Verfassung ist also „die wahre Demokratie“ schon Wirklichkeit, während der Generalsekretär jener Partei, die allein diese Verfassung und damit diesen Wortlaut zu verantworten hat, „reinblütige Demokratie ohne Vorbehalte“[7] einführen möchte.

Wie bittere Ironie liest sich der folgende Satz, gesprochen für deutsche Hörer über Radio Moskau: „Doch die Demokratisierung der Gesellschaft bringt nichts prinzipiell Neues in unser System. Demokratie wird vervollkommnet, wie sie fast die ganzen 70 Jahre nach der Oktoberrevolution 1917 vervollkommnet wurde."[8] Ja, die heutige „demokratische" Wirklichkeit ist Wirklichkeit von Anfang an, seit den Tagen Lenins. Nur war Lenin, zumindest hinter vorgehaltener Hand, ehrlicher: „Sowjetische, sozialistische Demokratie ist überhaupt nicht unvereinbar mit Herrschaft des einzelnen und der Diktatur . . . Was notwendig ist, ist die Herrschaft des einzelnen, das Anerkennen der diktatorischen Macht eines einzelnen Menschen. Alle Phrasen über gleiche Rechte sind dummes Zeug."[9]

Dabei müssen wir, ob wir es begrüßen oder bedauern, zugeben, daß Lenin Marx nicht verfälscht hat. Entgegen den stereotypen Behauptungen, z. B. unlängst wieder von Boris Meissner in seinem hochbedeutsamen Buch „Die Sowjetunion im Umbruch",[10] schwebte Marx keine „Mehrheitsherrschaft" vor, als er die „Diktatur des Proletariats" anpeilte.[11] Auch hielten die Freunde Marx und Engels nichts von konkurrierenden Parteien,[12] vielmehr war für sie der Wille der Geschichte maßgebend, den zu erkennen nur wenigen vergönnt sei.

Marx und Engels gemeinsam: „Es handelt sich nicht darum, was dieser oder jener Proletarier oder selbst das ganze Proletariat[13] als Ziel sich einstweilen *vorstellt,* es handelt sich darum, *was* es *ist* und was es diesem *Sein* gemäß geschichtlich zu tun gezwungen sein wird. Sein Ziel und seine geschichtliche Aktion ist in seiner eigenen Lebenssituation wie in der ganzen Organisation der heutigen bürgerlichen Gesellschaft sinnfällig, unwiderruflich vorgezeichnet."[14]

3. Demokratisierung

Die Parteikonferenz,[15] die erstmals seit 1941 (!) wieder einberufen wurde, beschloß Anfang Juli 1988 u. a. eine „Resolution: Demokratisierung der sowjetischen Gesellschaft und Reform des politischen Systems".[16]

Sie sieht im einzelnen vor:

a) Mehr Kandidaten als Mandatsträger
b) Geheime Wahl aller Vorsitzenden der Sowjets
c) Volle Autorität der Sowjets
d) Rotationsprinzip

Vom Rotationsprinzip abgesehen, wonach die Amtszeit zwei aufeinanderfolgende Perioden von je 5 Jahren nicht überschreiten soll, ist das alles schon jetzt geltendes Verfassungsrecht.

Da heißt es beispielsweise in Art. 108 der Verfassung der UdSSR: „Höchstes Organ der Staatsgewalt der UdSSR ist der Oberste Sowjet der UdSSR.

Der Oberste Sowjet der UdSSR ist berechtigt, über alle Fragen zu entscheiden, die nach dieser Verfassung zur Kompetenz der UdSSR gehören.

Ausschließlich dem Obersten Sowjet der UdSSR obliegt es, die Verfassung der UdSSR zu verabschieden, Änderungen an ihr vorzunehmen . . .“

Man hat also nur beschlossen, man werde künftig das längst Beschlossene ernst nehmen. Wehe dem, der dies früher bezweifelt hätte. Ob „geheime“ Wahlen im westlichen oder im östlichen Sinne gemeint sind, bleibt ohnehin offen.

Aber auch dann, wenn diese Zusagen auf demokratische Weise eingelöst werden sollten, wäre die Sowjetunion noch längst keine Demokratie. Voraussetzung dafür ist, daß auch der bereits zitierte Art. 2 eingelöst wird, wonach in der Sowjetunion die ganze Macht dem Volke gehört, allen auf gleiche Weise, wie Art. 34 letzter Satz ergänzt: „Die Gleichberechtigung der Bürger der UdSSR ist auf allen Gebieten des wirtschaftlichen, politischen, sozialen und kulturellen Lebens gewährleistet.“ Erst wenn die Mächtigen einsehen und daraus die Konsequenzen ziehen, daß das Machtmonopol in den Händen einiger

Parteifunktionäre diesem Verfassungsgebot diametral entgegensteht, erst dann ist der Übergang zur Demokratie vollzogen. Ein Einparteistaat kann keine Demokratie sein. Kapiert haben das jene jungen Sowjetbürger, die die Worte „Mnogopartijnost – da“, „viele Parteien – ja“ auf ihrer Brust tragen. Gorbatschow hat es noch nicht kapiert. Zwar imponiert er mit Sätzen wie: „Wir sind von der Lebensfähigkeit der Lehre des Marxismus-Leninismus überzeugt, die die Möglichkeit des Aufbaus einer Gesellschaft der sozialen Gerechtigkeit und einer Zivilisation von freien und gleichberechtigten Menschen wissenschaftlich untermauert hat.“[17] Andererseits aber verweigert er den „freien und gleichberechtigten Menschen“, sich wie die Sozialisten und Kommunisten zu Parteien ihrer Wahl zusammenzuschließen.

Entsprechend dem im Dezember 1988 verabschiedeten Wahlgesetz werden 2250 Abgeordnete in den Kongreß der Volksdeputierten gewählt, der sich einmal im Jahr für etwa eine Woche versammelt. Während ihrer ersten Sitzungsperiode wählen sie den ständig tagenden Obersten Sowjet der UdSSR, dem 422 Deputierte angehören. Zwei Drittel der Abgeordneten werden, wie es heißt, von allen stimmberechtigten Bürgern des Landes in allgemeinen, gleichen und direkten Wahlen gewählt werden. Ein Drittel der Kongreßdelegierten stellen die gesellschaftlichen Organisationen.

Dazu Andrej Sacharow in einem Interview: „Was Sie erwähnen, ist nur ein winziger, kleiner Teil eines sehr komplexen Mechanismus, der eine große Zahl von Fallgruben enthält, von versteckten Gesichtspunkten, die ihn sehr wenig demokratisch machen . . . Die Kandidaten, die zur Ernennung aus den Gruppen vorgeschlagen werden, unterziehen sich einer Wahl, die nicht demokratisch ist, die von keinem formalen Kritierium abhängt. Auf welcher Grundlage werden sie ausgewählt? Ich weiß nichts darüber.“[18] – Auch westliche Beobachter beklagen die mangelnde Transparenz.

4. Innerparteiliche Demokratie?

Ist es möglich, daß Leute, die die Gründung rivalisierender Parteien ablehnen, innerparteiliche Demokratie bejahen? Wahrscheinlich ist es nicht. Denn wer das Dogma aufstellt, daß es nur *eine* Partei geben dürfe, wird auch andere Dogmen sanktionieren, die einem innerparteilichen Pluralismus im Wege stehen. Gleichwohl sind erhebliche Unterschiede in den Strukturen totalitärer oder autoritärer Parteien denkbar, so daß die Distanz zu einer innerparteilichen Demokratie, wie sie das Grundgesetz in Art. 21 Abs. 1 vorschreibt und wie sie die §§ 6 ff. des bundesdeutschen Parteiengesetzes näher ausführen, recht verschieden sein kann.

In der bereits erwähnten „Resolution zur Demokratisierung" wird betont,

a) die Partei solle sich auf die Führungsrolle beschränken und den Vollzug der Staatsaufgaben den staatlichen Stellen überlassen,

b) die Besetzung der Komitees solle in geheimer Abstimmung erfolgen,

c) die Zahl der Wählbaren solle größer sein als die Zahl der zu Wählenden,

d) Rotation; keine unmittelbare Wiederwahl nach der zweiten Amtsperiode.

Zu a) Ein grundlegender Wandel der jetzigen Zustände ist deshalb nicht zu erwarten, da die Parteisekretäre der verschiedenen Ebenen jeweils auch an die Spitze der Sowjets gewählt werden sollen, wodurch die enge Verzahnung von Partei und Staat festgeschrieben wird. Konkret: Gorbatschow 1. Generalsekretär der KPdSU, 2. als Vorsitzender des Obersten Sowjets Staatspräsident, 3. Vorsitzender des Verteidigungsrates.

Zu b) Auch hier stellt sich die Frage, was heißt „geheim“?

Zu c) Gibt es keine Auswahlmöglichkeit, so gibt es überhaupt keine Wahl. Die Parteiendemokratie nach westlichem Muster hat zur Voraussetzung, daß jeder Wahlberechtigte – ein bescheidenes Quorum nicht ausgeschlossen – für jedes durch Wahl zu bestimmende Amt einen Personalvorschlag machen kann. Mit Blick auf die KPdSU ist davon nirgendwo die Rede.

Zu d) Rotation unterbindet monokratische Tendenzen. Der Oligarchie setzt sie jedoch keine Schranken, da alle wichtigen Ämter auf Lebenszeit in den Händen weniger bleiben können.

Eine echte Sensation muß deutlich herausgestellt werden. Anders als früher auf Parteitagen und Parteikonferenzen, wo Einmütigkeit das Bild bestimmte, gab es im Juli 1988 harte Auseinandersetzungen und kontroverse Abstimmungen bis zu der Forderung, der Staatspräsident möge seinen Hut nehmen. Derlei Offenheit muß, wird sie fortgesetzt, einen politischen Erdrutsch auslösen.[19]

5. Ist die Partei noch unfehlbar?

Gorbatschow selbst hat den Eckstein des Marxismus-Leninismus gelockert. Vor dem Zentralkomitee der KPdSU riskierte er es, den Unfehlbarkeitsanspruch der Kommunistischen Partei in Frage zu stellen.[20] Obgleich seine Formulierungen so gehalten sind, daß ein rhetorisch geschickter Rückzug möglich bleibt, und obgleich er offenbar diese Blasphemie nicht erneut begangen hat, verdient sie plakativ herausgestellt zu werden, schon deshalb, weil dadurch andere seiner Aussagen ihre ideologische Basis verlieren.

Mit größtem Nachdruck verteidigt er die führende Rolle der Partei:

„Von der Leninschen Konzeption der Partei als politischer Avantgarde der Gesellschaft nehmen wir nicht Abstand. Wir sind der Auffassung, daß in der Etappe der Perestrojka die Rolle der Partei bei der Vervollkommnung der sozialistischen Gesellschaft, bei der Verwirklichung der tiefgreifenden Umgestaltungen noch weiter anwächst . . . Das fordert ihr große ideologische und organisatorische Arbeit ab. Einer solchen Aufgabe ist nur eine Partei gewachsen, welche die Methoden wissenschaftlicher, marxistischer Analyse beherrscht. Deshalb setzen wir die führende und lenkende Rolle der Partei nicht nur keinen Zweifeln aus, sondern sind im Gegenteil der Auffassung, daß wir sie noch tiefer erfassen müssen . . .“[21]

Woher aber nimmt die Partei das Recht, sich anderen, notfalls mit Gewalt, als Lichtbringer, als Luzifer, aufzunötigen?

Die Anmaßung der Unfehlbarkeit hat in der marxistischen Bewegung Tradition, reicht zurück bis Marx, der vom „Kommunistenstolz der Unfehlbarkeit“[22] schwärmte.

Schon im Manifest der Kommunistischen Partei, 1848, heißt es: „Die Kommunisten . . . haben theoretisch vor der übrigen Masse des Proletariats die Einsicht in die Bedingungen, den Gang und die allgemeinen Resultate der proletarischen Bewegung voraus.“[23]

Bereits damals war dieser dreiste Irrwahn unschwer als solcher zu durchschauen. Wer heute noch an die Unfehlbarkeit einer Partei glaubt, deren Irrtümer ebenso Legion sind wie ihre Verbrechen, deren Ideologie Massenelend über Millionen und Abermillionen von Menschen gebracht hat, ist taub und blind für alle Fakten und Argumente. Freilich, die meisten derjenigen, die in der Parteikirche die Hände falten, tun dies nur, um nicht ihre Privilegien einzubüßen.

Fällt das Dogma der Unfehlbarkeit, kann die Partei den selbstgezimmerten Herrschaftsthron geistig nicht länger verteidigen. Die Kommunisten in Ungarn und Polen scheinen offenbar bereit zu sein, daraus die Konsequenzen zu ziehen. Daß Gorbatschow noch nicht sein Veto eingelegt hat, läßt hoffen.

X Zuerst war die Wirtschaftskrise

„Die allgemeine Krise des Kapitalismus vertieft sich.
Unaufhaltsam schrumpft sein Herrschaftsbereich. Immer deutlicher wird, daß er historisch dem Untergang geweiht ist.“
(Aus Gorbatschows Programm der KPdSU[1])

1. Reich an Schätzen, arm an Nahrung

Glasnost macht's möglich. Die Regierungszeitung ISWESTIJA berichtet:

„Die Aufgabe der Redaktion war diesmal äußerst einfach formuliert: Gehen Sie auf den Zentralen Markt in Moskau und kaufen Sie für 5 Rubel Gemüse und Obst, von allem ein wenig.

Ich gehe die Gemüsestände entlang: Neue Kartoffeln kosten das Kilo 8 bis 10 Rubel. 1 kg enthält jedoch, lächerlich zu sagen! – bloß 10 Kartoffeln. Pro Kartoffel also 1 Rubel. Dreimal so teuer wie Apfelsinen. Tomaten sind noch teurer: 13 Rubel das Kilo; Gurken zwischen 5 und 10. Frischer Salat 10! . . .

Ich habe dann ein wenig beobachtet: Wer kauft das alles? Wer kann es sich leisten? Käufer gibt es wenige. Im wesentlichen sind es Leute wie ich, die die Preise vergleichen. In meinem Beisein bat eine Frau, ihr drei Birnen und zwei Äpfel abzuwiegen. ‚Für die Tochter', fügt sie erklärend hinzu. Ein älterer Mann kaufte $^1/_2$ Kilo Tomaten: ‚Für meine Frau im Krankenhaus' . . . Unter den Käufern waren auch Ausländer. Für wen also sind die Preise auf dem Zentralen Markt gedacht? Si-

Die Sowjetunion ist so reich mit Bodenschätzen und Energievorräten gesegnet wie kaum eine andere Region der Erde. In ihren Grenzen wohnen nur 5,8 Prozent der Weltbevölkerung, die aber über 30 Prozent der Welt-Eisenerzvorkommen und über 22 Prozent der Weltvorräte an fossilen Energierohstoffen verfügen. Aber eine schwerfällige, bürokratische Planwirtschaft lähmt die Produktivität der sowjetischen Erwerbstätigen. Gorbatschow will deshalb weniger Planung und mehr Markt, mehr Verantwortung und mehr Entscheidungsfreiheit für die Betriebe.

cherlich nicht für den normalen Moskauer mit einem durchschnittlichen monatlichen Einkommen von 120–150 Rubel."[2]

Was der erlebt, der auf dem „freien Markt" nicht zum Zuge kommt, weil es bei ihm keinen solchen Markt gibt oder weil

Frankfurter Allgemeine Zeitung, Samstag, 22. Oktober 1988, Nr. 247/Seite 3

die Preise eben unerschwinglich sind, schildert Gorbatschow selbst:

„Wohin man schaut, gibt es Schlangen." Das treibe die Leute an den Rand der Erschöpfung, das Anstehen vor und in den Geschäften täglich 2 bis 3 Stunden lang. „Das, Genossen, geschieht in Moskau, wo es schließlich alles zu kaufen gibt. Selbst hier müssen die Leute Schlange stehen, und zwar in ein und demselben Laden gleich mehrere Male – erst um an einen, dann an einen anderen Kassierer heranzukommen, und schließlich die Warentheke zu erreichen."[3]

Wohl in den meisten Landesteilen mußten wieder für Butter, Fleisch und Zucker Lebensmittelkarten eingeführt werden wie im Deutschland der Kriegsjahre und nachher bis zur

Währungsreform. Aber trotz Glasnost sind insofern Einzelheiten kaum zu erfahren.[4] Erstmals hat die Sowjetunion jedoch die Existenz von Arbeitslosen eingeräumt: „Zur Freude von gewissenlosen westlichen ‚Gönnern' kann ich bekanntgeben, daß wir im nördlichen Kaukasus ‚Arbeitslose' haben", schreibt der Korrespondent des Regierungsorgans „Iswestija".[5]

Die wirtschaftliche Misere ist so handgreiflich, daß sie nicht bestritten werden kann; sie war der Auslöser für Glasnost und Perestrojka, wie Gorbatschow gelegentlich offen eingesteht, gelegentlich energisch bestreitet (I 3 a.E.). Schon Jurij Andropow, Gorbatschows Vor-Vorgänger, hat konstatiert: „Das Schicksal des Landes und die Position des Sozialismus hängen von der Fähigkeit der Sowjetführung ab, eine Wende in der Wirtschaft einzuleiten."[6]

Die dramatische Abwärtsentwicklung veranschaulicht folgende Tabelle:

Bruttosozialprodukt in Mrd. Dollar[7]				
	1960	1970	1980	1986
USA	509	990	2602	4200
EG	191	480	2765	3400
Japan	43	205	1040	1970
Sowjetunion	223	435	1050	1220
China	40	122	283	400
Sowjetunion in Relation zu den anderen vier	28%	24%	16%	12%

Arbeitsproduktivität der UdSSR im Vergleich zu den USA in Prozent:

Industrie seit 1980 konstant	55
Landwirtschaft seit 1980 konstant	22 – 25[8]

So darf es nicht weitergehen, will die Sowjetunion, dieser bis an die Zähne bewaffnete Riese, nicht wirtschaftlich unter die Zwerge geraten, sein Ansehen weltweit, insbesondere im eigenen Lager und bei den Entwicklungsländern, einbüßen, zumal nach der marxistischen Lehre der Sozialismus in jeder Hinsicht, vor allem aber, was das Niveau der Produktionsmittel anlangt, seinem Vorstadium, dem Kapitalismus, überlegen zu sein hat. Schon heute wird die Sowjetunion als „Obervolta mit Raketen" verspottet.

2. Die vermeintlichen Wege zum Erfolg

Das Ziel ist klar: die Rückständigkeit überwinden. Bis zur Jahrtausendwende sollen das Nationaleinkommen und die Industrieproduktion auf das Doppelte gesteigert werden. Um dies zu erreichen, muß die Arbeitsproduktivität auf das 2,3 – 2,5fache anwachsen.

Gorbatschows „wichtigster Wirtschaftsberater"[9] hat dafür eine einfache, einprägsame Parole entwickelt: „3 – 4 – 5: Das ist die zahlenmäßige Formel der Beschleunigung."[10] Auch sonst klingt das meiste von dem, was er schreibt, recht unproblematisch:

„Die Grundlage der neuen ökonomischen Strategie der Entwicklung der UdSSR ist die Konzeption der Beschleunigung der sozialen und ökonomischen Entwicklung. Diese revolutionäre Strategie ist ein Gegenstück zur Tendenz der Verlangsamung unserer Entwicklung, die sich in den 70er und zu Beginn der 80er Jahre herauskristallisiert hatte . . . Unter diesen Verhältnissen wählte das Plenum des ZK der KPdSU im März 1985 Michail Sergejewitsch Gorbatschow, einen jungen und dynamischen Politiker, einen Menschen von hoher Kultur und hohem Allgemeinwissen, der tief und mit großem Fachwissen in die wirtschaftlichen Probleme unseres Landes eindringt, zum Generalsekretär des ZK der KPdSU. Im Laufe eines Monats angestrengter Arbeit wurden die Konturen der neuen Strategie unserer Entwicklung – der Strategie der Beschleunigung – ausgearbeitet . . . Das durchschnittliche Jahreswachstum des Nationaleinkommens sollte sich von 3% in den Jahren 1981 bis 1985 auf 4% in der laufenden, zwölften Fünfjahresplanperiode erhöhen. Für die 90er Jahre sind 5 und mehr Prozent vorgesehen."

Was wurde da „im Laufe eines Monats angestrengter Arbeit" an revolutionären Strategien ersonnen?

a) Leistungsprinzip

Der Sowjetmensch braucht eine andere Einstellung zur Arbeit; das Leistungsprinzip und die materielle Interessiertheit sollen noch stärker berücksichtigt werden: „Bei der Durchführung der Sozialpolitik wird konsequent das Prinzip der sozialen Gerechtigkeit verwirklicht und die Gleichmacherei bei der Bezahlung der Arbeit abgeschafft . . ."[11]

b) Eigeninitiative

Das Gesetz über die individuelle Erwerbstätigkeit, am 1. Mai 1987 in Kraft getreten, gestattet kleine private und genossenschaftliche Ladengeschäfte und gewerbliche Gärten. Für solche Betriebe ist eine auf fünf Jahre befristete Genehmigung erforderlich. Mitarbeiter dürfen nicht beschäftigt werden. Das Einkommen ist progressiv zu versteuern. Die Preise werden staatlicherseits festgelegt.

c) Reprivatisierung

Während Gorbatschow in seinem Buch „Perestrojka" die Kollektivierung der Landwirtschaft noch als unumgänglichen Fortschritt verteidigt,

(„Wenn wir die Zeitumstände und die spezifischen Merkmale der Entwicklung unserer Gesellschaft – der sowjetischen Gesellschaft – gewissenhaft und wissenschaftlich untersuchen, wenn wir vor der extremen Rückständigkeit der Landwirtschaft nicht die Augen verschließen, einer Rückständigkeit, die nicht zu überwinden war, solange auf kleinen Parzellen produziert wurde, wenn wir schließlich den Versuch unternehmen, die heutigen Resultate der Kollektivierung zu bewerten, dann bleibt nur der simple Schluß: Die Kollektivierung war ein bedeutender historischer Akt, die wichtigste gesellschaftliche Veränderung seit 1917."[12])

propagiert er ab Mitte 1988 die Idee, einen beachtlichen Teil des sozialistischen Eigentums in Pacht zu geben. Der Bauer müsse Herr über den Boden werden und diesen bis zu einer Periode von 50 Jahren pachten können.[13]

d) Wirtschaftliche Rechnungsführung

Radio Moskau am 5. Januar 1988: „Wir haben schon gesagt, daß mit Beginn dieses Jahres in der UdSSR die Organisierung einer neuen Etappe der radikalen Wirtschaftsreform begonnen hat. Das Gesetz über den staatlichen Betrieb ist in Kraft getreten. Es hat die wirtschaftliche Rechnungsführung verankert und die Leitung der Produktion durch die Erweiterung der Rechte der Arbeitskollektive demokratisiert. Praktisch seit dem 1. Januar 1988 arbeiten unter ganz neuen Bedingungen etwa 20 000 Betriebe, die 60 Prozent der gesamten Industrieproduktion der UdSSR liefern."[14]

Dieses Gesetz, das nur für staatliche Betriebe gilt, wird als Kern der Wirtschaftsreform angesehen. Es dient der Verselbständigung der Betriebe, die nun wieder als Rechtspersonen gelten. Sie wirtschaften mit eigenen Mitteln auf eigene Rechnung, ohne sich jedoch der staatlichen Lenkung und Planung entziehen zu können.

Schon Art. 2 des Gesetzes veranschaulicht die widersprüchliche Struktur:

„Die Tätigkeit des Betriebs geschieht auf der Grundlage des staatlichen Plans der ökonomischen und sozialen Entwicklung als wichtigstem Instrument zur Verwirklichung der Wirtschaftspolitik der Kommunistischen Partei und des Sowjetstaates. Geleitet von den Kontrollziffern, Staatsaufträgen, den langfristig wissenschaftlich begründeten ökonomischen Normativen und Limits sowie den Aufträgen . . . der Abnehmer, erarbeitet und bestätigt der Betrieb selbständig Pläne und schließt Verträge ab.“[15]

Die innerbetriebliche Willensbildung soll auf „demokratischer Basis“ organisiert werden, wobei die Parteiorganisationen die „politischen Kerne“ der Betriebe bleiben. Zu einer Betriebsschließung kommt es nicht durch Zahlungsunfähigkeit, sondern auf Grund eines Beschlusses der wirtschaftsleitenden Zentralorgane.

e) Joint Ventures

Noch größere Freiheit gibt es für jene Sowjetunternehmen, denen es gelingt, sich mit westlichen Partnern zu einem Joint Venture zusammenzuschließen. Zum Beispiel darf das Vermögen des gemeinsamen Unternehmens nicht beschlagnahmt werden. In beschränktem Umfang können die Firmen über Devisen verfügen, um westliche Lieferungen zu bezahlen und Gewinne zu transferieren.[16]

f) Planreform

Schließlich ist noch eine fundamentale Umstrukturierung der Wirtschaftsverwaltung erwähnenswert, die auch mit der Ausweitung von einzelbetrieblichen Kompetenzen zusammenhängt. Die Meinungen über die Einzelheiten dieser Neugestaltung gehen selbst in der Sowjetliteratur weit auseinander.[17]

3. Wie stehen die Chancen?[18]

Der Ruf nach einer gigantischen Steigerung der Arbeitsproduktivität ist so alt wie die Sowjetunion. Schon Lenin hat dazu aufgefordert, und zwar mehrmals, um „die fortgeschrittenen Länder auch ökonomisch einholen und überholen" zu können. Stalin erklärte 1931: „Wir sind hinter den fortgeschrittenen Ländern um 50 bis 100 Jahre zurückgeblieben. Wir müssen diese Distanz in zehn Jahren durchlaufen. Entweder bringen wir das zustande, oder wir werden zermalmt." Chruschtschow wiederholte in der Zeit von 1959 bis 1961 Lenins Formel vom Einholen und Überholen, an die sich Stalin 1931 erinnert hatte.[19]

Auch Klagen über Mängel und Fehlentwicklungen in allen Bereichen der sowjetischen Wirtschaft, mit ähnlich beißender Kritik vorgetragen, sind nicht neu.[20]

Gorbatschow räumt ein: „Die politische Ökonomie des Sozialismus ist überfrachtet mit alten Konzepten und steht nicht mehr im Einklang mit der Dialektik des wirklichen Lebens."[21]

Aber diese alten Konzepte sind doch in der Verfassung niedergelegt und niemand spricht davon, insofern eine Änderung herbeizuführen. Soll sie, wie bislang in anderen Bereichen üblich, auf dem Felde der Wirtschaft stillschweigend mißachtet werden?

In der Verfassung heißt es (Art. 10 und 16): „Grundlage des Wirtschaftssystems der UdSSR ist das sozialistische Eigentum an den Produktionsmitteln . . .

Die Wirtschaft der UdSSR bildet einen einheitlichen volkswirtschaftlichen Komplex, der alle Bereiche der gesellschaftlichen Produktion, der Verteilung und des Austausches auf dem Territorium des Landes umfaßt.

Die Leitung der Wirtschaft erfolgt auf der Grundlage der staatlichen Pläne zur wirtschaftlichen und sozialen Entwicklung . . ."

Nun, der Große Plan soll, wenn auch in modifizierter Form, „am Markt orientiert",[22] erhalten bleiben, und die Verpachtung von Grund und Boden ist noch keine Veräußerung.

Betrachten wir kurz die einzelnen, oben vorgestellten „revolutionären" Maßnahmen:

a) „Der Faktor Mensch im weitesten Sinne ist unsere wichtigste Reserve. Wir werden alles in unserer Macht Stehende tun, um ihn zu aktivieren . . ."[23] Mit dieser Devise erinnert Gorbatschow an ähnliche Aussprüche Stalins:

„Man muß endlich begreifen, daß von allen wertvollen Kapitalien, die es in der Welt gibt, das wertvollste und das entscheidende Kapital die Menschen, die Kader sind."[24]

Auch war es Stalin, der, wiederum mit Marx und Engels übereinstimmend,[25] die Idee der Lohngleichmacherei in Theorie und Praxis verworfen hat. Freilich, im Kommunismus sollte, so Marx, an die Stelle der Entlohnung nach Leistung die Entlohnung nach den Bedürfnissen treten.[26] Der übliche Einwand der Sozialisten lautet: Da wir uns noch im Sozialismus befinden, ist der Leistungslohn durchaus marxistisch. – Aber es drängt sich dann die Frage auf, ob sich die sozialistische Gesellschaft vom Kommunismus weg entwickelt, wenn sie die Leistung zu Lasten der Bedürfnisse immer stärker betont.

Eine weitere ideologische Unverträglichkeit mit dem Marxschen Menschenbild ist darin zu sehen, daß der Mensch im Sozialismus noch materieller Stimulanzien bedarf. Marx vertrat die Ansicht, derlei würde dann der Vergangenheit angehören.[27]

b) Die sowjetische Gesetzgebung über die individuelle Erwerbstätigkeit im gewerblichen und agrarischen Bereich bleibt weit hinter den entsprechenden Regelungen und der Praxis in der Phase der sowjetischen „Neuen Ökonomischen Politik“ (NEP) der 20er Jahre (mit einer ausgedehnten leistungsfähigen privaten Parallelwirtschaft), in Polen, Ungarn und China von heute zurück. Selbst die DDR ist bereits seit 1976 zu einer weitergehenden Förderung privater Betriebe, vor allem des Handwerks, übergegangen, in dem verstärkt Gewerbegenehmigungen erteilt, Kredite zugewiesen und Steuervorteile gewährt werden.[28] Diesem Urteil ist nichts hinzuzufügen. Auch sowjetische Bürger sehen das so:

„Das Gesetz über individuelle Werktätigkeit, das am 1. Mai d. J. [1988] in Kraft trat, wurde von einigen Kommentatoren als prinzipiell neuer Schritt beschrieben – als Schritt in Richtung wirtschaftlicher Liberalisierung. Aber was gibt es hier eigentlich Neues? Ähnliche Wechselbeziehungen zwischen arbeitenden Menschen und Staat existieren im Land schon seit 60 Jahren . . .“[29]

c) Wenn es dazu kommt, daß größere landwirtschaftliche Flächen langfristig an private Bauern verpachtet werden, so ist das eine das dogmatische sozialistische Lehrgebäude sprengende Maßnahme, gleichzeitig ein Schritt in die richtige Richtung, die notwendige Schlußfolgerung aus der Tatsache, daß heute ein Drittel Fleisch, Milch, Gemüse, die Hälfte Obst und zwei Drittel der Kartoffeln auf dem privaten Hofland gewonnen werden, obwohl die privatwirtschaftliche Nutzfläche nur 1,5 Prozent der landwirtschaftlichen Gesamtnutzfläche ausmacht.

d) Das „Gesetz über den staatlichen Betrieb“ ist sehr elastisch gefaßt und gestattet der Bürokratie vielfältige Eingriffe, die auch unterbleiben können. Entsprechend ist der Handlungsspielraum der Unternehmen.

„Allerdings wird, wie sich versteht, sehr viel, wenn nicht alles ... von der Politik des Ministerrats abhängen. Die Liste der Kontrollziffern, Kontingente und Richtsätze wird von ihm aufgestellt werden. Vom Ministerrat hängt auch ab, mit welcher Strenge man die Praxis der Einmischung von Behörden- und Ortsorganen in Produktionsangelegenheiten unterbindet.“[30]

Vieles spricht dafür, daß das mit so viel Vorschußlorbeeren bedachte Gesetz ein untauglicher Versuch bleiben wird.

„Der Einbau von Marktelementen in ein System, das sich die – wenn auch vielleicht künftig weniger bürokratische – Kontrolle über Akkumulation und Verteilung vorbehält, führt zu keiner Marktwirtschaft. Märkte, die nur zur Implementierung zentraler Planung dienen, sind keine Wettbewerbsmärkte und können deren Funktionen nicht erfüllen ... Solange dies aber nicht der Fall ist, und solange das Überleben der Betriebe nicht von ihrer Anpassungsflexibilität, von der Geschwindigkeit, mit der sie den technischen Fortschritt umsetzen, von der Qualität ihrer Produkte, ihrem Service usw. – also kurz: vom Markterfolg – abhängt, werden sie auf all diesen Gebieten keine Höchstleistungen hervorbringen.“[31]

Die innerbetriebliche „Demokratisierung“, die das Gesetz vorsieht, wurde in Jugoslawien schon vor Jahrzehnten eingeführt, wobei in der Sowjetunion das Mitspracherecht der Partei noch stärker gewährleistet bleiben soll.

e) Gorbatschows Wirtschaftsreformen sind weithin nur Kopien ähnlicher Versuche in anderen sozialistischen Staaten. Das gilt auch für die Joint Ventures, mit denen Ungarn 1973 den Anfang gemacht hat. 65 solcher Gemeinschaftsunternehmen sind bis heute mit ungarischen Firmen zustande gekommen, 22 davon haben deutsche Partner. Aber der Außenhandelsanteil dieser Firmen liegt unter 1 Prozent. Es gibt keine Anhaltspunkte für die Annahme, daß sich die Zusammenarbeit mit sowjetischen Betrieben weit günstiger anläßt. Stand

März 1989: 30 Joint Ventures mit bundesdeutscher Beteiligung. An zweiter Stelle Finnland mit 29, gefolgt von Italien mit 17.

f) Ob die Umschichtung der für unsere Verhältnisse kolossalen Ministerialbürokratie nennenswerte Früchte zeitigt, bleibt abzuwarten. Für die beiden ersten Jahre des 12. Fünfjahresplans (1986 und 1987) sind die Wachstumsraten des Nationaleinkommens wie der Produktivität bekannt. Im Durchschnitt der beiden Jahre liegen diese Raten deutlich unter den Planvorgaben.

Ein angesehener Wirtschaftswissenschaftler mit langjähriger Sozialismuserfahrung urteilt: „Deshalb muß zu den politischen Faktoren einer wirklich marktwirtschaftlichen Reform der Abbau der Nomenklatura gehören. Aber das heißt Beseitigung der wichtigsten Einrichtung, mit deren Hilfe zwei bedeutende Gruppen der herrschenden Schichten, die Apparatschiks und Bürokraten, im offenkundig ineffizienten Wirtschaftssystem schmarotzen. Ohne gehorsame Manager würde der Strom der verbilligten Güter und Dienstleistungen von den Betrieben zu den Bürokraten und Apparatschiks sehr schnell austrocknen.“[32]

4. Der Markt als Gebot ökonomischer Rationalität und humanistischer Gesinnung

Im Parteiprogramm Gorbatschows steht zu lesen, im Original alles fettgedruckt: „Die Große Sozialistische Oktoberrevolution wurde zum Wendepunkt der Weltgeschichte, bestimmte die Hauptrichtung und die Grundtendenzen der Entwicklung in der Welt, leitete den unumkehrbaren Prozeß der Ablösung des Kapitalismus durch eine neue, die kommunistische ökonomische Gesellschaft ein.“[33] Wenige Seiten weiter, ebenfalls drucktechnisch besonders hervorgehoben: „Kommunismus ist eine klassenlose Gesellschaftsordnung, in der . . . alle Springquellen des gesellschaftlichen Reichtums voller fließen werden und wo das große Prinzip herrschen wird: Jeder nach seinen Fähigkeiten, jedem nach seinen Bedürfnissen."[34]

Diese so verheißungsvollen feierlichen Worte werden auf dem Hintergrund der Realitäten zu billigen Phrasen, zu purem Zynismus. Der spektakulär geschaßte ehemalige Moskauer Parteichef Jelzin konstatiert ebenso bitter wie nüchtern: „In sieben Jahrzehnten ist es uns nicht gelungen, die Menschen zu ernähren, zu kleiden und zu versorgen."[35]

Die in der Theorie haushoch überlegene sozialistische Wirtschaft sieht sich immer wieder genötigt, in der selbsterzeugten ökonomischen Polarnacht bitter frierend barfuß den Gang nach Canossa zu den vielgeschmähten Päpsten der kapitalistischen Finanzoligopole anzutreten und um günstige Darlehen zu bitten, deren Höhe insgesamt wächst und wächst.

Doch in der lauen Luft von Glasnost sind leise Stimmen zu vernehmen, die, wenn sie sich Gehör verschaffen können, echte Frühlingsboten sind: Es gilt Abschied zu nehmen von den sozialistischen Utopien, Verheißungen, Schlagworten. „Es gibt nur *eine* Weltwirtschaft", heißt die neue Einsicht, und die sowjetische Wirtschaft werde nur gesunden, „wenn sie die Regeln lernt und respektiert, nach denen auf dem Weltmarkt gespielt wird."[36] Das für Ideologie zuständige Politbüromitglied Wadim Medwedjew hat eine sensationelle Entdekkung gemacht: „Der Markt ist, wenn wir von manchen spekulativen Entstellungen absehen, eine der größten Errungenschaften in der menschlichen Zivilisation."[37]

Reicht die dialektische Rabulistik, um solche Kapriolen noch als marxistisch zu verkaufen? Das dürfte schwerlich möglich sein, weshalb das ganze Fundament der Herrschaft Gorbatschows, die Kommunistische Partei, auf dem Spiele steht.

Hätte der Markt als Ort der Begegnung von Angebot und Nachfrage chaotische Konsequenzen und wäre der Plan besser geeignet, die persönlichen Wünsche der Menschen zu befriedigen, so wäre die größere individuelle Freiheit marktwirtschaftlicher Ordnung schwerlich auf Dauer eine hinlängliche Rechtfertigung dieser Wirtschaftsform. Doch die geschichtlichen Erfahrungen haben alle zunächst möglichen Zweifel ausgeräumt. Die Planwirtschaft hat ihre Existenzberechtigung verwirkt. Der totalitäre Staat kann auf sie nicht verzichten, für Demokratien aber ist sie indiskutabel geworden. Das Bruttosozialprodukt Südkoreas ist heute 5,5mal höher als das Nordkoreas. Dabei ist Nordkorea größer als Südkorea und hat immerhin die Hälfte Einwohner.

XI „Das neue Denken und die Welt“

1. Friedliche Koexistenz, Klassenkampf, Kommunismus

„Das neue Denken und die Welt“ überschreibt Gorbatschow den zweiten Teil seines Buches „Perestrojka“. Allein 115 der insgesamt 344 Seiten sind dieser Thematik gewidmet, und alle Beobachter stimmen darin überein, daß Gorbatschow die Außenpolitik dynamischer gestaltet als alle seine Vorgänger. Seit seinem Amtsantritt hat sich viel getan: Begegnungen mit den herausragenden Persönlichkeiten der Weltpolitik – die Chinesen zunächst ausgenommen –, davon mehrere mit dem Präsidenten der Vereinigten Staaten, „Doppelte-Null-Lösung“, partielle Rüstungskontrolle, Truppenabzug aus Afghanistan, um nur die wichtigsten Ereignisse ins Gedächtnis zu rufen.

Gorbatschow braucht Geld, um Perestrojka im Bereich der Wirtschaft zu finanzieren. Einsparungen sind in der Rüstung möglich, wenn es gelingt, seinem „Neuen Denken“ international Geltung zu verschaffen.

Welches sind die Leitlinien des „Neuen Denkens“? „Nun braucht die ganze Welt eine Umgestaltung, d. h. eine fortschrittliche Entwicklung, eine fundamentale Veränderung“[1] – meint Gorbatschow, ausgehend von der Perestrojka im eigenen Lande, ganz so, als ob die innenpolitische Perestrojka auf andere Ziele als das westliche Vorbild ausgerichtet wäre.

Koexistenz, Klassenkampf und Kommunismus haben das außenpolitische Denken seit Lenin bestimmt, wobei die Wurzeln, nämlich Klassenkampf und Kommunismus, auf Marx zurückreichen: Dessen historischer Materialismus kennt ein ehernes Gesetz der Geschichte. Ausgangspunkt ist eine heile

Welt, die Urgesellschaft. Dann kommt es zum Sündenfall. Folge: Klassenkampf. Im Manifest der Kommunistischen Partei des Jahres 1848, verfaßt von Marx und Engels, heißt es dementsprechend als Ergebnis *ihres* neuen Denkens: „Die Geschichte aller bisherigen Gesellschaft ist die Geschichte von Klassenkämpfen."[2]

Doch das Jammertal (Sklavenhaltergesellschaft, Feudalismus, Kapitalismus) hat ein Ende. Der Erlöser, das Proletariat, erobert die Macht, liquidiert die bislang herrschende Klasse und bewirkt so den Übergang zum Kommunismus, der eigentlichen Menschheitsgeschichte.[3]

Die Freunde vertraten die Ansicht: „Die kommunistische Revolution wird daher keine bloß nationale, sie wird eine in allen zivilisierten Ländern, d. h. wenigstens in England, Amerika, Frankreich und Deutschland, gleichzeitig vor sich gehende Revolution sein."[4]

Das Verhältnis der kommunistischen zu den kapitalistischen Staaten war für sie kein Thema. Denn wenn alle technisch fortschrittlichen Staaten gleichzeitig kommunistisch werden, ist das Schicksal der anderen ohnehin besiegelt. Sie folgen mit historischer Notwendigkeit, sobald auch sie die höhere Stufe der industriellen Produktion erklommen haben. Im übrigen waren sie nicht zimperlich: „Revolutionäre Erhebung der französischen Arbeiterklasse, Weltkrieg – das ist die Inhaltsangabe des Jahres 1849."[5]

Bekanntlich kam alles ganz anders, als diese Klassiker des Sozialismus es zu wissen glaubten. Die rückständigste europäische Großmacht erlebte innerhalb eines Jahres zwei Revolutionen. Keines der fortschrittlichen, keines der zurückgebliebenen Länder folgte Lenin auf dem eingeschlagenen Wege. Vielmehr stieß die Russische Sozialistische Sowjetrepublik weltweit auf Ablehnung, wurde weltweit geächtet. Nur ein

Krieg kann uns auf Dauer Sicherheit gewährleisten, war Lenins Überzeugung: „Unsere Lage ist nun so, daß wir den internationalen Sieg, den einzigen Sieg, der uns Sicherheit gäbe, zwar noch nicht errungen, uns aber Bedingungen erkämpft haben, unter denen wir neben den kapitalistischen Staaten bestehen können . . .“[6]

Aber vorab muß die Macht im eigenen Lande konsolidiert werden. Also brauchen wir eine Atempause, brauchen wir vorübergehend friedliche Koexistenz trotz Fortdauer des internationalen Klassenkampfes zwischen den Staaten und Ideologien. Schließlich wird der Kommunismus gemäß dem von Marx entdeckten Gesetz der Geschichte die ganze Welt beglücken.

Was bietet uns demgegenüber Gorbatschows „Neues Denken“ zu den nach seiner Weltsicht zentralen Stichworten der Außenpolitik: Koexistenz, Klassenkampf, Kommunismus?

a) Koexistenz

„Vor gut dreißig Jahren kam der XX. Parteitag zum Schluß, daß ein neuer Weltkrieg nicht unvermeidlich sei und verhindert werden könne. Damit war auch gemeint, daß ein künftiger Konflikt nicht nur hinausgeschoben und eine ‚friedliche Frist‘ verlängert werden könne, sondern daß jede internationale Krise mit friedlichen Mitteln beigelegt werden könne . . . Das Prinzip der friedlichen Koexistenz wurde weiter ausgebaut . . .“[7]

Doch längst vor der KPdSU hat die Staatengemeinschaft mit dem am 27. August 1928 geschlossenen „Briand-Kellogg-Pakt“ den Angriffskrieg weltweit verbindlich geächtet, ein Vertrag, der seitens der Westmächte, nicht aber der Sowjetunion respektiert worden ist.[8]

Richtig hingegen: Schon unter Chruschtschow schloß „friedliche Koexistenz“ den Verzicht auf den großen militärischen Erstschlag ein. Wo bleibt das Neue?

Seit Chruschtschow gehört zur „friedlichen Koexistenz“ neben der Konfrontation im ideologischen Bereich die Zusammenarbeit im ökonomischen. Die Formen des Zusammenwirkens müssen freilich derart sein, daß sie es dem Sozialismus ermöglichen, seinen Einfluß auf die internationalen Prozesse zu verstärken, wie Gorbatschows Chefideologe Medwedjew betont.[9]

b) Klassenkampf

Die friedliche Koexistenz wird nicht länger als „spezifische Form des Klassenkampfes“ definiert,[10] vielmehr gilt sie als Voraussetzung für den erfolgreichen Klassenkampf, da insbesondere ein mit Atomwaffen geführter Weltkrieg der Menschheit insgesamt ein Ende bereiten könnte.[11] – Diese Akzentverlagerung kommt einer Haarspalterei sehr nahe.

Gorbatschow: „Es mag einigen Leuten seltsam erscheinen, daß gerade die Kommunisten eine so starke Betonung auf menschliche Interessen und Werte legen. Tatsächlich ist eine Beurteilung aller Phänomene des sozialen Lebens nach dem Klassenprinzip das Abc des Marxismus. Auch heute wird dieses Verfahren den Realitäten einer Klassengesellschaft, einer Gesellschaft mit gegensätzlichen Klasseninteressen vollkommen gerecht. Das gleiche gilt für die Realitäten des internationalen Lebens, die ebenfalls von diesen Gegensätzen geprägt sind. Und bis in die jüngste Vergangenheit ist der Klassenkampf der Angelpunkt der gesellschaftlichen Entwicklung geblieben, und in den in Klassen gespaltenen Ländern ist er das heute noch.“[12]

c) Kommunismus

Gorbatschow: „Und doch wird uns immer wieder vorgeworfen, daß wir auf der ganzen Welt den Kommunismus einführen wollten. Was für ein Unsinn!“[13]

An anderer Stelle wiederholt er das Gesagte, indem er Marx zitiert: „Das siegreiche Proletariat kann sein Ideal eines glücklichen Lebens nicht einer anderen Nation aufzwingen, ohne dabei dem eigenen Sieg Schaden anzutun.“[14]

Dieses Zitat für sich genommen klingt recht überzeugend. Tatsache aber ist: Das Selbstbestimmungsrecht des Volkes als Eigenwert hat im Weltbild von Marx und Engels keinen Raum. Die Existenzberechtigung eines Volkes hängt davon ab, ob das Volk fortschrittlich oder reaktionär ist. Als fortschrittlich gilt, wer sich zur Revolution bereitfindet.

Aus der Fülle der Belege[15] nur ein Beispiel: „Die ganze frühere Geschichte Österreichs beweist es bis auf diesen Tag, und das Jahr 1848 hat es bestätigt. Unter allen den Nationen und Natiönchen Österreichs sind nur drei, die die Träger des Fortschritts waren, die aktiv in die Geschichte eingegriffen haben, die noch lebensfähig sind – die *Deutschen,* die *Polen,* die *Magyaren* [Ungarn]. Daher sind sie jetzt revolutionär.

Alle anderen großen und kleinen Stämme und Völker haben zunächst die Mission, im revolutionären Weltsturm unterzugehen.“[16]

Mal wird Polen die Existenzberechtigung abgesprochen, mal die Wiederherstellung Polens als selbständiger Staat stürmisch gefordert.[17] Schon das zeigt, auf welch wackeligen Beinen Gorbatschows Argumentation mit Marx steht.

Das unter seinem Vorsitz verabschiedete Parteiprogramm läßt ungeniert den Schleier fallen: Kampf für den Sozialismus-Kommunismus, „ob friedlich oder nicht friedlich“:

„Die Kommunisten kämpfen sowohl für die Nahziele als auch für die perspektivischen Ziele der Arbeiterklasse, für die Interessen aller Werktätigen, für den sozialen Fortschritt, für nationale Befreiung der Völker, für Abrüstung und Frieden. Die kommunistische Bewegung ist eine außerordentlich einflußreiche ideologische und politische Kraft der Gegenwart. Die revolutionären Parteien der Arbeiterklasse lassen sich von der wissenschaftlichen Theorie der gesellschaftlichen Entwicklung, dem Marxismus-Leninismus, leiten und verwirklichen eine prinzipielle Klassenpolitik. Sie zeichnen sich aus durch ihre Überzeugung von der historischen Unvermeidlichkeit der Ablösung des Kapitalismus durch den Sozialismus, durch ihr klares Verständnis der objektiven Gesetzmäßigkeit der sozialistischen Revolution – in welchen Formen sie auch verlaufen möge, ob friedlich oder nicht friedlich –, durch die Fähigkeit, die allgemeinen Prinzipien des Kampfes für den Sozialismus auf die konkreten Bedingungen eines jeden Landes anzuwenden.“[18]

„Im Oktober 1917 brachen wir aus der *alten Welt* aus, lehnten sie endgültig ab. Wir gehen einer *neuen Welt* entgegen, der *Welt des Kommunismus.* Von diesem Weg werden wir *niemals abweichen.*[18a] Die Verfassung (Art. 6) verpflichtet zum Kampf für den gesetzmäßigen Sieg des Kommunismus.

Entsprechend der üblichen sozialistischen Betrachtungsweise, die auch Gorbatschow aufgreift,

(„Laßt uns doch die Realitäten in unsere Überlegungen einbeziehen – es gibt die Welt des Kapitalismus und die Welt des Sozialismus, und außerdem gibt es die riesige Welt der Entwicklungsländer.“[19])

befassen sich die folgenden Abschnitte mit der sozialistischen Staatengemeinschaft (2.), den sog. kapitalistischen Staaten (3.) und den Entwicklungsländern (4.).

2. Gilt noch die Breschnew-Doktrin?

Gorbatschow in „Perestrojka“: „Die wichtigste Rahmenbedingung der politischen Beziehungen zwischen den sozialistischen Staaten muß die absolute Unabhängigkeit dieser Staaten sein. Diese Ansicht wird von den Führern aller sozialistischen Bruderstaaten geteilt. Die Unabhängigkeit jeder Partei, ihr souveränes Recht, über die Unabhängigkeit des betreffenden Landes zu entscheiden, und ihre Verantwortung gegenüber der von ihr vertretenen Nation sind Prinzipien, die über jede Diskussion erhaben sind.“[20]

Seit eh und je wurde die Souveränität, die Unabhängigkeit der sozialistischen Staaten von Moskau hervorgehoben, freilich in der gewohnten dialektischen Verschränkung mit dem proletarischen, dem sozialistischen Internationalismus, der alle militärischen Aktionen gegen Polen, Ungarn, die ČSSR und Afghanistan rechtfertigen sollte. Von diesem Internationalismus ist in „Perestrojka“ nicht die Rede, jedoch in einem Buch des Chefredakteurs der Moskauer Zeitschrift „Fragen der Philosophie“, Vadim S. Semjonow. Es trägt den Titel: „Die Entwicklungsdialektik des Sozialismus“. Danach ergeben sich folgende „Grundgesetzmäßigkeiten“ dieser Entwicklung für die Gegenwart: „Allseitige Zusammenarbeit und gegenseitige Hilfe“, „die gemeinsame Verteidigung der Errungenschaften des Sozialismus vor den Anschlägen der äußeren und inneren Feinde“, eine „Stärkung der Macht des Sozialismus“ in der Welt bei Stärkung des Prinzips des „sozialistischen Internationalismus“.[21]

Ist es nicht so gut wie ausgeschlossen, daß Semjonow dem „Neuen Denken“ seines Herrn gänzlich zuwider agiert? Die folgenden Zeilen aus der Feder Gorbatschows beweisen, wie wenig er von den völkerrechtswidrigen Verbrechen Chruschtschows und Breschnews zu Lasten der Selbstbestimmung sozialistischer „Bruderstaaten“ abrückt: „Einige sozialistische

Länder machten in ihrer Entwicklung ernsthafte Krisen durch. Das war der Fall in Ungarn 1956, in der Tschechoslowakei 1968 und in Polen 1956 und dann Anfang der 80er Jahre. Jede dieser Krisen hatte ihre spezifischen Eigentümlichkeiten. Ihre Bewältigung erfolgte auf verschiedene Weise."[22] Kein Hinweis darauf, daß die Lösung „Rote Armee" oder „Warschauer Pakt" ein Fehler gewesen, daß den Betroffenen schwerstes Unrecht zugefügt worden ist.

Geradezu unmißverständlich im Sinne der Breschnewschen Interventionsdoktrin äußerte sich Gorbatschow auf dem 10. Parteitag der Polnischen Vereinigten Arbeiterpartei: „Der Sozialismus hat tiefe Wurzeln gefaßt, und die Werktätigen unserer Länder können sich nicht vorstellen, ohne ihn zu leben. Das bedeutet, daß die sozialistischen Errungenschaften unumkehrbar sind . . . Die sozialistische Ordnung anzugreifen, . . . sowie das eine oder andere Land aus der sozialistischen Gemeinschaft herauszubrechen, bedeuten einen Anschlag nicht nur auf den Willen der Völker, sondern auch auf die ganze Nachkriegsordnung und letzten Endes auf den Frieden."[23]

Gute Kenner der Szenerie zweifeln daher nicht: „Ein Ausscheiden eines dieser Länder aus der Warschauer Vertragsorganisation würde genausowenig hingenommen wie der Verlust des Machtmonopols einer der herrschenden kommunistischen Parteien."[24]

3. Gibt es noch das Reich des Bösen? – Der Kapitalismus

Ein Abschnitt des Buches „Perestrojka" trägt die Überschrift: „Das ‚Feindbild'". In ihm wendet sich Gorbatschow gegen Feindbildmache. Derlei gäbe es in der Sowjetunion nicht.

„Man braucht nur dann einen imaginären oder tatsächlichen Feind, wenn man die Spannung aufrechterhalten will und auf eine Konfrontation mit weitreichenden und, ich muß hinzufügen, mit unvorhersehbaren Konsequenzen aus ist. Wir verfolgen aber eine andere Richtung.“[25]

Doch im gleichen Buch lesen wir, daß im Westen jene Kräfte herrschen, die aus brutalem Eigennutz die Hochrüstung betreiben:

„Der Erfolg der Perestrojka wird die engstirnigen Klasseninteressen und den Egoismus der Kräfte aufdecken, die heute im Westen herrschen, Kräfte, die sich am Militarismus und am Wettrüsten festgehakt haben und auf dem ganzen Globus nach ‚Feinden‘ suchen.“[26]

Welch infame Anschuldigung! Alle westlichen Parlamentarier, die den Verteidigungsetats zustimmen, werden zu käuflichen oder bornierten Kriegsverbrechern degradiert. Und das soll keine Feindbildmache sein!

a) Die deutsche Teilung

Dazu Gorbatschow: „Wir können nur vermuten, wie Deutschland heute aussehen würde, wenn es das Potsdamer Abkommen in seiner Gesamtheit erfüllt hätte. Es gab keine andere Grundlage für eine Einigung in Potsdam. Doch nicht nur die USA, Großbritannien und Frankreich sabotierten damals die Vereinbarungen mit uns; auch diejenigen, die in Westdeutschland die Politik der Stärke unterstützten, widersetzten sich Potsdam.“[27]

Welche Teile des Potsdamer Abkommens wurden seitens der Westmächte nicht erfüllt? Dazu kein Wort aus der Feder Gorbatschows. „Wir können nur vermuten, wie Deutschland heute aussehen würde . . .“, schreibt er. Ich meine: Wir wissen recht genau, wie Deutschland heute aussähe, wenn das Potsdamer Abkommen seitens der Westmächte so erfüllt worden wäre, wie es Gorbatschow offenbar wünscht. Ganz Deutschland hätte das Schicksal der Sowjetischen Besatzungszone erleiden müssen, wäre dem Herrschaftsbereich Stalins einverleibt worden, wie es der Hofpoet der Statthalter Moskaus in Ost-Berlin, Johannes R. Becher, recht anschaulich schaudererregend besingt:

„Es wird ganz Deutschland einstmals Stalin danken.
In jeder Stadt steht Stalins Monument.
Dort wird er sein, wo sich die Reben ranken,
Und dort in Kiel erkennt ihn ein Student.
Dort wird er sein, wo sich von ihm die Fluten
des Rheins erzählen und der Kölner Dom.
Dort wird er sein, in allem Schönen, Guten,
Auf jedem Berg, an jedem deutschen Strom.
. . .
Dort wirst du, Stalin, stehn, in voller Blüte
Der Apfelbäume an dem Bodensee,
Und durch den Schwarzwald wandert seine Güte
Und winkt zu sich heran ein scheues Reh.
. . .
In Stalins Namen wird sich Deutschland einen.
Er ist es, der den Frieden uns erhält.
So bleibt er unser und wir sind die Seinen,
Und Stalin heißt das Glück der Welt.“[28]

Gerade als ich über Gorbatschows Deutschlandbetrachtungen saß, brachte die Post die neueste Nummer der Moskau-News.

Darin ein Artikel mit der Überschrift „Kuropaty – eine Tragödie, von der alle wissen müssen“. Er beschreibt auf erschütternde Weise Massenmorde „Tag und Nacht, Sommer wie Winter . . . Solche ‚Menschenschlachthöfe‘ gab es auch in der Nähe anderer Großstädte . . . Augenzeugen geben an, daß allein in Minsk und Umgebung – bisher – fünf Hinrichtungsstätten aus der Zeit der Stalinschen Repressionen ausgemacht wurden.

. . . Die meisten Opfer waren einfache Leute. Das Massengrab Nr. 1 wurde vermutlich im Winter angelegt. Dort fanden sich viele warme Kleidungsstücke aus Leder (bäuerliche Lederjoppen, Überreste von Filzstiefeln, Schaftstiefeln und dergleichen).

Weiter östlich und südöstlich befanden sich Grabstätten aus den Jahren 1939 und danach. Sie enthalten vorwiegend Menschen aus West-Belorußland. In der Grabungsstelle Nr. 5 wurden vor allem Gebrauchsgegenstände von Intellektuellen gefunden (viele Accessoires, Brillen, Monokel, Kneifer, Medikamente usw.), Schuhwerk von hoher Güte (Fabrikware oder Modellanfertigung), Damenstiefel mit hohem Absatz, Handschuhe.

Anhand der in den Massengräbern entdeckten Gegenstände und daran, daß ein Teil der Sachen (Bekleidung, Schuhwerk) zusammengelegt war, sowie an aufgefundenen Eßwaren, Geldbörsen usw. wird erkennbar, daß die Menschen ihr Heim erst kurz vor dem Tode verlassen und vor ihrer Hinrichtung nicht in Gefängnissen gesessen haben dürften. Das legt den Gedanken nahe, daß sie ohne Gerichtsverfahren, wie man damals sagte, ‚liquidiert‘ wurden.

Nach Begutachtung aller Belege läßt sich in etwa die ursprüngliche (bis zur in den 40er Jahren erfolgten Exhumierung) Anzahl der in den untersuchten Massengräbern Bestatteten bestimmen. Vermutet man im Durchschnitt 200 Leichen pro Massengrab und multipliziert diese Zahl mit den bis heute eruierten Grabstätten (510), ergibt das 102 000. Die tatsächliche Anzahl der Opfer aber liegt wahrscheinlich höher.“[29] – Und dabei geht es nur um die Massengräber rund um Kuropaty!

Dieser Bericht ist nicht das Gebräu einer Giftküche des Kalten Krieges, vielmehr sowjetamtliche Dokumentation. Und Gorbatschow macht den Westmächten, den in Deutschland damals Verantwortlichen, insbesondere also Konrad Adenauer, den Vorwurf, daß sie uns nicht dem Ungeheuer Stalin ausgeliefert haben!

Im übrigen: Zu Lasten des Sozialismus gibt es kein Selbstbestimmungsrecht, weder der Menschen in Ostberlin noch der Menschen in der DDR noch sonst irgendwo.

Gorbatschow: „Wir sind nicht gegen eine Teilnahme West-Berlins am europäischen Geschehen und sind bereit, seine spezifischen Interessen in der Wirtschaft und im Kulturleben zu berücksichtigen. Aber – unter der Voraussetzung, daß der besondere Status der Stadt nicht erschüttert wird. Von der sog. ‚deutschen Frage' habe ich . . . mehr als einmal gesprochen. Die heutige Situation ist eine Bilanz der Geschichte. Versuche, das von ihr Geschaffene umzukrempeln oder durch unrealistische Politik anzupeitschen, sind eine unberechenbare und sogar gefährliche Beschäftigung."[30]

Insofern kann sich Gorbatschow auf eine klare Vorgabe Lenins berufen: „Kein einziger Marxist kann, ohne mit den Grundsätzen des Marxismus zu brechen, bestreiten, daß die Interessen des Sozialismus höher stehen als die Interessen des Selbstbestimmungsrechts der Völker."[31]

Doch Lenin wäre nicht Lenin, wenn sich bei ihm nicht auch genau Gegenteiliges fände: „Anerkennung des Rechts auf Lostrennung für alle; Bewertung jeder konkreten Frage einer Lostrennung unter einem Gesichtspunkt, der jede Rechtsungleichheit, jedes Privileg, jede Exklusivität ausschließt. Nehmen wir die Stellung einer unterdrückenden Nation. Kann ein Volk frei sein, das andere Völker unterdrückt? Die Interessen der Freiheit der großrussischen Bevölkerung erfordern den Kampf gegen eine derartige Unterdrückung."[32]

b) „Europa ist unser gemeinsames Haus"

Es freut uns, wenn wir aus dem Munde Gorbatschows hören: „Wir sind Europäer . . . Die Geschichte Rußlands ist ein elementarer Bestandteil der großen Geschichte Europas."[33] Gorbatschow betont ferner, daß sich viele Völker der Sowjetunion zu Recht als Erben der europäischen Kultur betrachten.

Aber der sozialistische Teil des Hauses wünscht sich eine ganz andere Zukunft (siehe 1. a. E.). Ferner:

Auf den naheliegenden Einwand, diese Betrachtungsweise sei ganz und gar unmarxistisch, geht er nicht ein. Er will die ideologische Blöße seiner Argumentation nicht ansprechen. Wir aber sollten sie nicht übersehen. Nach dem historischen Materialismus des Karl Marx sind Kultur und Kunst eines Volkes Ausfluß seiner Produktionsweise und nicht seiner geistigen Tradition.

„Die Produktionsweise des materiellen Lebens bedingt den sozialen, politischen und geistigen Lebensprozeß überhaupt. ... Mit der Veränderung der ökonomischen Grundlage wälzt sich der ganze ungeheuere Überbau langsamer oder rascher um. In der Betrachtung solcher Umwälzungen muß man stets unterscheiden zwischen der materiellen, naturwissenschaftlich treu zu konstatierenden Umwälzung in den ökonomischen Produktionsbedingungen und den juristischen, politischen, religiösen, künstlerischen oder philosophischen, kurz, ideologischen Formen, worin sich die Menschen dieses Konflikts bewußt werden und ihn ausfechten."[34]

Nun hat doch Rußland seit mehr als sieben Jahrzehnten eine neue, eine sozialistische Produktionsweise! Welche Unmöglichkeit wird hier beschworen, welcher Unsinn propagiert – aus der Sicht des Karl Marx. Marx ist eben immer dann und nur dann große Autorität, wenn er den sozialistischen Führern ins Konzept paßt.

Gorbatschows Exkurse in die Geschichte Europas sind überwiegend grotesk: „Nehmen wir z. B. die Beziehung zwischen Rußland und Polen. Jahrhunderte hindurch wurden sie durch den Kampf zwischen den Herrschenden beider Länder erschwert. Auf Befehl von Königen und Zaren kämpften Polen gegen Russen und Russen gegen Polen. Alle diese Kriege, Gewalt und Invasionen haben die Seelen dieser beiden Völker vergiftet und gegenseitige Feindschaft gestiftet. Der Sozialismus markierte einen drastischen Wendepunkt in der jahrhundertealten Geschichte dieses Teils der Welt.[35]

Kommentar überflüssig. Man denke nur an die Schreckensherrschaft der Roten Armee während des Krieges. Am „Tag der sowjetischen Streitkräfte" 1989 kam es zu so schweren Ausschreitungen polnischer Studenten, daß sich der Ministerpräsident bei den Sowjets entschuldigen mußte.

„Was den Nichtangriffspakt mit Deutschland betrifft (dessen Bedeutung von unseren Gegnern ständig verdreht wird), so hätte dieser, wie so vieles andere, vermieden werden können, wenn man damals in den Regierungskreisen von Großbritannien und Frankreich bereit gewesen wäre, gemeinsam mit der Sowjetunion gegen den Angreifer vorzugehen."[36] Allein das, was am Ende des letzten Abschnitts über Kuropaty ausgeführt worden ist, macht verständlich, warum sich Franzosen und Briten lange geweigert haben, den Teufel mit dem Beelzebub auszutreiben.

„Wir sind ungehalten", fährt Gorbatschow fort, „über die Behauptung, Europa sei zum Schauplatz der Konfrontation zwischen den Blöcken und gegenseitiger Kriegsvorbereitungen verurteilt."[37] Wer stellt diese Behauptung auf? Gorbatschow macht es sich leicht. Auch hier verzichtet er auf einen entsprechenden Beleg. Der anderen in den Mund gelegte Unsinn soll seine Devise: „Europa ist unser gemeinsames Haus"[38] um so positiver hervortreten lassen. Freilich, wenn wir die gemeinsamen kulturellen Wurzeln als Maßstab anlegen, so reicht Europa bis zum Pazifik, umfaßt also auch Nordamerika und große Gebiete Südamerikas. Selbst Australien darf dann nicht unberücksichtigt bleiben. Bezüglich Rußlands aber muß festgestellt werden, daß es über Jahrhunderte, und nicht nur in der Tatarenzeit, von Europa abgeschirmt worden ist. Karl Marx sieht es noch viel drastischer:

„Kurz: Moskau ist in der scheußlichen und erbärmlichen Schule mongolischer Sklaverei aufgewachsen und großgezogen worden. Seine Stärke erwarb es nur dadurch, daß es in den Fertigkeiten des Sklaventums zum Virtuosentum wurde . . . Peter d. Große war es endlich, der die politische Handfertigkeit des mongolischen Sklaven mit dem stolzen Streben des mongolischen Herrschers vereinigte, dem Dschingis Khan in seinem letzten Willen die Eroberung der Erde vermacht hatte.“[39] Bis auf den heutigen Tag ist weder freier Reiseverkehr noch Gedankenaustausch möglich.

Wer soll in dem „gemeinsamen Haus“ der Hausherr sein? L. N. Sajkow, Mitglied des Politbüros der KPdSU, äußerte sich dazu während eines Empfangs beim finnischen Premierminister anläßlich des 40. Jahrestages des finnisch-sowjetischen Vertrages:

„Die guten Beziehungen zwischen der Sowjetunion und Finnland auf den verschiedensten Gebieten, einschließlich der Kontakte zwischen den Menschen, könnten nach unserer Vorstellung Vorbild sein für die gegenseitigen Beziehungen im künftigen ‚gemeinsamen europäischen Haus‘. Die Sowjetmenschen sehen in den Finnen gute Freunde, Gleichgesinnte bei der Verwirklichung einer Politik, gerichtet auf die Herstellung eines stabilen, dauerhaften Friedens, einer Welt ohne Kriege, ohne Atomwaffen.“[40]

Es ist hinlänglich bekannt, wer im Verhältnis zwischen Sowjetunion und Finnland das Sagen hat und wer von beiden in seiner Handlungsfreiheit sowohl nach innen als auch nach außen erheblich eingeschränkt ist.

c) „Kein ‚Feindbild‘ von Amerika“?[41]

Die USA sind für Gorbatschow der Inbegriff des kapitalistischen Staates. Gorbatschow lehnt die Feindbildmache ab und macht gleichzeitig aus den USA den bösen Feind schlechthin:

„Wir brauchen kein ‚Feindbild‘ von Amerika, weder aus innen- noch aus außenpolitischem Interesse . . . In der Sowjetunion gibt es keine Propaganda, die den Haß gegenüber Amerikanern schürt oder die Verachtung für Amerika fördert. Sie werden so etwas in unserem Land weder in der Politik noch im Schulunterricht finden.“[42] Andererseits:

„Wir sehen, wie stark in den führenden kapitalistischen Ländern die Stellung des aggressiven und militaristischen Lagers der herrschenden Kreise ist. Seine Hauptstütze hat es im mächtigen militärisch-industriellen Komplex, dessen Interessen in der Natur des Kapitalismus verwurzelt sind und der auf Kosten des Steuerzahlers riesige Gewinne aus der Rüstungsproduktion zieht. Um die Menschen glauben zu machen, daß ihr Geld nicht umsonst ausgegeben wird, müssen sie von der Existenz eines ‚äußeren Feindes‘ überzeugt werden, der ihr Wohlbefinden stören und ganz allgemein die ‚nationalen Interessen‘ verletzen will. Daher rührt eine rücksichtslose und unverantwortliche Machtpolitik.“[43]

Mit seinem Buch wendet sich Gorbatschow vorrangig an die Bevölkerung der Vereinigten Staaten, wie es im Vorwort heißt. Was werden sich die Menschen dort denken, wenn sie lesen, daß in den USA die öffentliche Meinung und die Volksvertretung von der Regierung gesteuert werde.

„Die Regierung beeinflußt die öffentliche Meinung und schüchtert die Menschen mit dem Märchen von der sowjetischen Bedrohung ein, und das tut sie mit besonderer Hartnäckigkeit, wenn vom Kongreß ein neuer Militärhaushalt verabschiedet werden soll.“[44]

Die unabhängigen Massenmedien haben einen deutlich nachhaltigeren Einfluß auf die öffentliche Meinung als die Regierung, deren Präsidenten spätestens alle acht Jahre wechseln. Die Regierung ist weit stärker von den Massenmedien abhängig als umgekehrt. Aber für Leute, die in totalitären Staaten groß geworden sind, ist dieser Sachverhalt geradezu unbegreiflich.

4. „... den Rest der Welt beherrschen ..."

Gorbatschow fragt uns: „Ob es letzten Endes nicht doch nur darum gehe, zu erzwingen, daß die Sowjetunion sich ganz auf ihre internen Probleme konzentrieren muß, damit der Westen den Rest der Welt beherrschen kann?"[45] Bevor er uns die nicht überraschende Antwort gibt, holt er zu einem Tiefschlag aus: „Einerseits finden wir in der Dritten Welt Beispiele für ein schnelles, wenn auch unausgewogenes und einschneidendes Wirtschaftswachstum ... Andererseits ist das tägliche Leben der zweieinhalb Milliarden Menschen, die in den ehemaligen Kolonien und Gebieten mit ehemals kolonieähnlichem Status leben, nach wie vor von Armut, unmenschlichen Lebensbedingungen, Analphabetentum, Unwissenheit, Unterernährung, Hunger, alarmierend hoher Kindersterblichkeit und Epidemien gekennzeichnet. Das ist die bittere Wahrheit. Zu Beginn der 80er Jahre war das Pro-Kopf-Einkommen der Länder der Dritten Welt elfmal niedriger als das entsprechende Einkommen in den kapitalistischen Industriestaaten. Und diese Kluft wird eher größer als kleiner.

Trotzdem streichen die reichen Staaten des Westens weiterhin ihren neokolonialistischen ‚Tribut' ein. Allein in den letzten zehn Jahren waren die Profite, die US-Unternehmen aus den Entwicklungsländern gesogen haben, viermal so hoch wie ihre Investitionen ... Der immer weiter wachsende Schuldenberg der Entwicklungsländer ist eines der ernsthaftesten Probleme der Welt."[46]

Die Schuldenkrise in der „Dritten Welt" bereitet in der Tat Kopfzerbrechen. Aber das Gerede vom Kolonialismus oder Neokolonialismus ersetzt keine nüchterne Analyse, macht nicht e i n e n Menschen satt.

Die Wohlfahrt eines Landes hängt nicht davon ab, ob es vor 50 oder mehr Jahren Kolonien hatte. Nach Lenin[47] war das Vereinigte Königreich von Großbritannien und Nordirland das größte Kolonialimperium, gefolgt von Rußland. Schweden und die Schweiz hatten nie Kolonien. In der Geschichte der USA spielen sie eine ganz untergeordnete Rolle, ähnlich in der Geschichte des Deutschen Reiches. Dieses Deutsche Reich präsentiert sich heute in Gestalt der Bundesrepublik und der DDR. Wer kann auf Grund dieser Angaben das Wohlstandsgefälle dieser Staaten ermitteln?

Andererseits ist die Not in einem Lande nicht die Spätfolge kolonialer Unterdrückung. Eine ganze Reihe ostasiatischer Staaten haben Anschluß an die „reichen" gefunden, obgleich sie, wie Korea, jahrhundertelang dem Diktat fremder Staaten gehorchen mußten. Die Situation in Nordkorea unterscheidet sich himmelweit von der im Süden (X 4 a.E.).

Unerwähnt bleibt die Hauptursache des Massenelends in den meisten Entwicklungsländern, nämlich die Bevölkerungsexplosion. Gab es zu Beginn dieses Jahrhunderts nur *eine* Milliarde Menschen auf dieser Erde, werden es am Ende sechs Milliarden sein. Doch derlei zu erwähnen irritiert die eindimensionale Schuldzuweisung.

Wenn von den Beziehungen zu den ehemaligen Kolonien die Rede ist, so werden davon sicherlich keine 5 Prozent der Geld- und Warenströme angesprochen. „Der Anteil Afrikas am bundesdeutschen Außenhandel ist in den letzten Jahren auf ca. 2 Prozent gesunken, und davon entfällt noch die Hälfte auf das weißbeherschte Südafrika."[48] (Der Ölhandel ist dabei offenbar nicht berücksichtigt.)

Gorbatschow bedauert die Entwicklungsländer, die sich in „Schuldknechtschaft“ befänden. Doch davon, daß sich auch die sozialistischen Staaten, die UdSSR eingeschlossen, immer mehr bei den „kapitalistischen Staaten“ freiwillig, händeringend verschulden, kein Wort.

Gorbatschow besinnt sich offenbar auf Marx und dessen politische Ökonomie, wenn er schreibt: Die Ressourcen der Entwicklungsländer „werden von den entwickelten Staaten ausgebeutet und über die Kanäle eines nicht-äquivalenten Austausches den nationalen Einkommen der letzteren einverleibt. Mit diesem Zustand werden die Entwicklungsländer sich nicht mehr lange abfinden.“[49] An die Stelle des nicht-äquivalenten Austausches muß demnach der äquivalente treten. Doch schon zu Lebzeiten von Marx wußten viele, er jedoch nicht, daß es den äquivalenten Austausch noch nie gegeben hat und nie geben wird. Waren haben weder einen absoluten noch einen objektiven Wert, vielmehr liegt jedem Güteraustausch eine subjektive Wertung zugrunde, die die Gegenleistung wertvoller erscheinen läßt als die eigene Leistung. Dementsprechend gestaltet auch die Sowjetunion ihren Handel. Aber wer immer gerecht erscheinen will, tut gut daran, derlei zu verschweigen und den „gerechten Lohn“, den „gerechten Preis“, den „wahren Wert der Waren“ zu fordern.

Gorbatschow vergißt nicht, den entscheidenden Beitrag der Sowjetunion zur Lösung der Not in der „Dritten Welt“ herauszustellen: „Der Erfolg der Perestrojka wird den Entwicklungsländern helfen, den Weg zur Durchführung der wirtschaftlichen und gesellschaftlichen Modernisierung zu finden, ohne daß sie dabei Zugeständnisse an den Neokolonialismus machen müssen oder in die Fänge des Kapitalismus geraten.“[50] So einfach ist es also nach dem Patent des Zauberlehrlings. Sein Hexenmeister, Karl Marx, hat es ihm eingegeben, daß der Sozialismus/Kommunismus problemlos alle Welträtsel löst.[51] Ob diese Wechsel auf die Zukunft auch heute noch

Gläubiger finden, erscheint mehr als fraglich. Im Augenblick aber sieht es so aus: „Ich sehe, daß nach den 70 Jahren auf dem Weg zum Sozialismus . . ., daß jetzt, im Jahre 1988, die Lebensmittel rationiert sind und die Russen außerhalb der städtischen Zentren zu Millionen von einer Stange Wurstersatz träumen." Das schreibt die *Prawda!* – 26. Juli 1988.

5. Warum die Sowjetunion weiter rüstet

Nach Gorbatschow ist jedes weitere Aufrüsten sinnlos, auch das bloße Nachrüsten:

„Außerdem ist jetzt eine paradoxe Situation entstanden. Selbst wenn ein Land stetig weiter aufrüstet, während das andere nichts dergleichen tut, wird die Seite, die aufrüstet, nichts dabei gewinnen. Die schwächere Seite könnte einfach alle ihre Atomwaffen, wenn es sein muß sogar auf eigenem Boden, in die Luft sprengen, das würde für sie Selbstmord bedeuten, und für den Feind wäre es ein langsamer Tod."[52]

„Sicherheit kann nicht mehr durch militärische Mittel hergestellt werden – weder durch nukleare Waffenabschreckung noch durch die unablässige Perfektionierung von ‚Schwert' und ‚Schild'."[53]

„Man könnte fragen", so Gorbatschow, „warum dann wir unsere Streitkräfte und Waffensysteme beibehalten und modernisieren. Darauf kann ich eine genaue Antwort geben, da ich Vorsitzender des Verteidigungsrats der Sowjetunion bin. Seit der Oktoberrevolution sind wir ständig von potentieller Aggression bedroht gewesen. Man versetze sich in unsere Lage, um davon einen Eindruck zu bekommen: Ein Bürgerkrieg, an dem ausländische Mächte beteiligt waren, Interventionen durch 14 Staaten, eine Wirtschaftsblockade, und der ‚cordon sanitaire', keine diplomatische Anerkennung (die USA entschlossen sich dazu erst 1933), bewaffnete Provokation im Osten und schließlich ein verheerender und blutiger Krieg gegen den aus dem Westen kommenden Faschismus ... Außerdem fragen wir, warum der Westen als erster ein militärisches Bündnis, die NATO, eingerichtet hat und immer als erster neue Waffensysteme entwickelt. Oder warum die amtierende US-Administration keinen Stop der Atomwaffenversuche will, und warum sie die Amerikaner dazu drängt, gigantische Summen für das ‚Sternenkriegs'-Programm zu verschwenden?"[54]

Demnach also handeln die Sowjets aus Angst, wobei Gorbatschow einräumt, daß die Handlungen vor dem Forum der kritischen Vernunft nicht Bestand haben können. Oder?

Kennt Gorbatschow die Geschichte der Sowjetunion nur so, wie er sie uns weismachen will? Halbe Wahrheit ist ganze Lüge! Indem Gorbatschow alles unterschlägt, was zu einer objektiven Beurteilung notwendig ist, kann er die historisch Blinden in seine Gefolgschaft führen.

Die – halbherzige – Beteiligung ausländischer Mächte am Bürgerkrieg ist darauf zurückzuführen, daß sich das russische Volk in den einzigen halbwegs freien Wahlen, die es dort je gegeben hat (Dezember 1917), gegen die Bolschewiki ausgesprochen hat, was Lenin und die Seinen jedoch nicht daran hinderte, die totale Macht zu usurpieren und ein bluttriefendes Terrorregime zu errichten. Daß unter diesen Umständen die Sowjetunion von der Völkerfamilie – wiederum halbherzig – geächtet wurde, ist nur zu verständlich, spricht nicht gegen, sondern für sie.

Die diplomatische Anerkennung seitens der USA erfolgte 16 Jahre nach Lenins Machtergreifung, während die Sowjetunion schon seit Jahrzehnten den Staat Israel diplomatisch boykottiert. Erst in allerjüngster Zeit kam es wieder zu vorsichtigen Kontakten.

Quelle: IfPB Frieden und Sicherheit 1981, Heft 189

Von der Sowjetunion annektiert

Land	Bevölkerung (in Mill.)	Größe (qkm)	Jahr
Teile Finnlands	0,5	45 600	1940
Estland	1,1	47 700	1940
Lettland	2,0	64 700	1940
Litauen	3,0	59 600	1940
Teil Ostpreußens	1,2	13 500	1945
Teil Polens	11,8	181 300	1945
Teil der Tschechoslowakei	0,7	12 700	1945
Teil Rumäniens	3,7	50 200	1945
INSGESAMT	24,0	475 300	

Von der Sowjetunion kontrolliert

Land	Bevölkerung (in Mill.)	Größe (qkm)	Jahr
Bulgarien	7,2	110 800	1946
Rumänien	16,1	237 200	1948
Polen (einschl. d. unter polnischer Verwaltung stehenden deutschen Gebiete)	26,5	311 700	1945
Ungarn	9,8	93 000	1947
Sowjetische Besatzungszone Deutschlands	18,8	111 100	1945
Tschechoslowakei	12,3	127 900	1948
(Albanien	1,2	27 500	1946)
INSGESAMT	91,9	1 019 200	

Quelle: NATO, Tatsachen und Dokumente, Brüssel, 1976, S. 6.

Die „bewaffneten Provokationen im Osten“, die Gorbatschow nicht näher beschreibt, sollen wohl den Überfall der Sowjetunion auf Japan – trotz eines Nichtangriffspaktes – und die Annektierung japanischer Territorien rechtfertigen?

Der Zweite Weltkrieg wurde vom Deutschen Reich *im Zusammenwirken mit der Sowjetunion* ausgelöst.

Die Gründung der NATO erfolgte, nachdem Stalin entgegen seinen in Jalta gemachten Zusagen alle Länder Ost-Mittel-Europas seiner Herrschaft unterworfen und Anstalten getroffen hatte, weiteres Terrain zu okkupieren (z. B. Griechenland, Jugoslawien). Keines dieser Verbrechen Stalins wurde bis heute von Gorbatschow bedauert, keines im Rahmen des Möglichen wiedergutgemacht.

Das „Sternenkriegs“-Programm der USA, wie Gorbatschow zu sagen pflegt, soll aller Welt vor Augen führen, wer immer neue Sphären der Rüstung erschließt. Doch zwischenzeitlich mußte er kleinlaut einräumen, daß auch sein Land längst „Grundlagenforschungen“ für ein strategisches Abwehrsystem im All betreibt.[55]

Der Mann auf Rußlands Straßen, der sich nicht umfassend selbst informieren kann, wird die Argumente Gorbatschows für bare Münze nehmen. Gorbatschow selbst aber weiß es besser, und er weiß auch, daß die NATO-Streitkräfte aus einer ganzen Reihe von Gründen, nicht nur aus militärischen, keine Bedrohung für den Osten darstellen:[56]

1. Der Warschauer Pakt ist der NATO in weiten Bereichen militärisch überlegen, auch wenn Gorbatschow seine Ankündigung wahrmacht und die Rote Armee um 500 000 Mann verringert.

Es gibt weder überprüfbare Zahlen zum sowjetischen Verteidigungshaushalt noch eine amtlich verbindliche Militärpolitik, wie sie etwa die Bundesrepublik in ihren „Verteidigungsweißbüchern“ oder die USA in ihren „Annual Defence Reports“ festschreiben.

Die Sowjetunion hat weder die allgemeine Wehrpflicht abgeschafft, anders die USA, noch kennt sie ein Kriegsdienstverweigerungsrecht, anders die Bundesrepublik Deutschland. In Übereinstimmung mit dem Text der Verfassung heißt es vielmehr im geltenden Parteiprogramm: „Die Verteidigung des sozialistischen Vaterlandes, der Dienst in den Reihen der Streitkräfte ist Ehrensache und heilige Pflicht des Bürgers der UdSSR.“

2. Der Warschauer Pakt ist territorial begünstigt, da er über ein geschlossenes, nicht durch geographische oder völkerrechtliche Hindernisse unterbrochenes Territorium mit großer Tiefe verfügt.

3. Der Warschauer Pakt hat überall seine Späher, wohingegen für den Westen viele Gebiete, insbesondere der Sowjetunion, gänzlich unzugänglich sind.

4. Der Warschauer Pakt hat in den NATO-Staaten eine wohlorganisierte „fünfte Kolonne“ in Gestalt der moskauorientierten Kommunisten und ihrer Helfer.

5. Jedermann und alle Staatsorgane sind im Westen an die innerstaatliche und internationale Ächtung des Angriffskrieges gebunden, wohingegen im Ostblock das Völkerrecht bislang den Klassenkampfinteressen nachgeordnet war (V 2).

6. Die demokratische Staatsform verhindert Angriffskriege, wie die Weltgeschichte seit dem Briand-Kellogg-Pakt des Jahres 1928 beweist.

7. Im Westen fehlen die psychologischen Voraussetzungen zu einem Angriffskrieg, während es im Ostblock den Soldaten

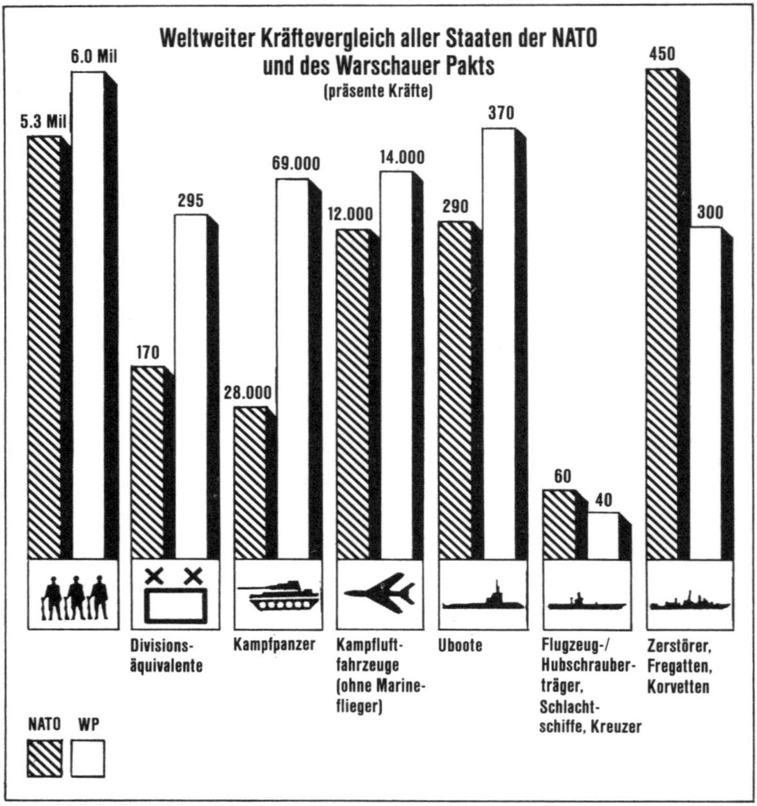

Quelle: „Streitkräftevergleich 1987" Presse- und Informationsamt der Bundesregierung; Dezember 1987

nicht zukommt, die Rechtsnatur des Krieges zu überprüfen, genauer: sozialistische Staaten per definitionem nur gerechte Kriege führen können.

8. Die christlich-abendländische Ethik verbietet den Angriffskrieg, fordert und fördert die Gewaltlosigkeit. Das war

zwar nicht immer so, kann aber mit Blick auf die Gegenwart nicht bezweifelt werden. In der Sowjetunion ist jedoch nach wie vor die Lehre christlicher Ethik verboten.
Schon vor Jahrzehnten haben die Großmächte Abrüstungsverhandlungen begonnen, die zu mehreren Abkommen geführt haben. In die Ära Gorbatschow fällt insbesondere der INF-Vertrag vom 8. 12. 1987. Die darin vereinbarte doppelte Null-Lösung hat zur Beseitigung von zwei Gliedern aus der nuklearen Kette geführt, nämlich der Raketen mit einer Reichweite von 500 bis 1000 km und von 1000 bis 5500 km.

Welche Kraftanstrengung seitens des Westens erforderlich gewesen ist, schildert David Mellor, Staatsminister im britischen Außenministerium:

„Im November 1981 gab Präsident Reagan den Null-Null-Vorschlag bekannt: Die NATO würde auf die Stationierung der Pershing II und Marschflugkörper verzichten, wenn die Sowjetunion die SS-4, SS-5 und SS-20 abbaut.

Zwischen damals und heute haben wir einen echten Hindernislauf über sowjetische Verhandlungserschwernisse zurückgelegt. Die Sowjetunion weigerte sich zunächst überhaupt zu verhandeln, wenn nicht alle Stationierungsprogramme der NATO aufgegeben würden. Dann schlug sie ein Moratorium für LRINF-Stationierungen in Europa vor, das ihr eigenes Monopol an solchen Raketen festgeschrieben hätte. Als das nicht funktionierte, kamen die Sowjets an den Verhandlungstisch, verließen ihn aber wieder, als 1983 die ersten amerikanischen Stationierungen in Europa stattfanden. Die NATO setzte ihr Programm unbeirrt fort, hielt aber die Tür zu Verhandlungen offen. Angesichts einer solchen Entschlossenheit kehrten die Sowjets Anfang 1985 an den Verhandlungstisch zurück . . . Im Juli, fast 6 Jahre nach dem ersten Angebot, willigte Gorbatschow schließlich in die globale Abschaffung aller INF-Systeme ein.“[57]

Doch gilt es zu bedenken, daß der Vertrag nur 4 vom Hundert des amerikanisch-sowjetischen Waffenpotentials eliminiert.

Der entscheidende Vorteil für die Sowjets ist, daß die amerikanische Seite sie nicht länger vom europäischen Territorium aus mit Nuklearraketen bedrohen kann. Andererseits war die Zahl der Raketen, die seitens der Sowjetunion vernichtet werden mußte, viermal so hoch.

Keine nennenswerten Erfolge haben bisher die auf das Jahr 1968 zurückgehenden Verhandlungen über eine „wechselseitige ausgewogene Streitkräfteverringerung" (MBFR – Mutual Balanced Force Reduction) gezeitigt. Doch stehen neue Abrüstungsverhandlungen ins Haus. „Die kommenden Verhandlungen über konventionelle Stabilität in Europa (KRK) werden zur wahren Probe auf die Absicht der Sowjetunion. Es wird darum gehen, einen der größten militärischen Aufwände, die es je gab, in asymmetrischer Form abzubauen, bis echte Parität der verbleibenden Streitkräfte erzielt ist. Einem gründlichen Datenaustausch werden Inspektionen bisher unbekannten Ausmaßes folgen müssen."[58] So urteilt General Galvin, der NATO-Oberbefehlshaber Europa. Als Fortschritt ist es auch zu werten, daß die Sowjets zwischenzeitlich die Überlegenheit im konventionellen Bereich einräumen. Der General: „Trotz einer wachsenden Neigung im Westen, die großen Veränderungen in der Sowjetunion durch eine rosige Brille zu sehen und zu meinen, der Frieden sei bereits eingetreten, muß ich als oberster Befehlshaber harten Realismus zur Richtschnur nehmen: Denn da drüben steht eine gewaltige Übermacht von insgesamt 50 000 Panzern zwischen mir und einer ‚guten Welt'." Und weiter: „Die Sowjetunion erklärt, daß ihre Strategie vom Angriff auf reine Verteidigung übergehe. Sie ist aber den konkreten Beweis dafür schuldig. Ich sehe unentwegte Modernisierung aller ihrer Waffengattungen, ein unverändert nach den klassischen Prinzipien raschen Angriffs angelegtes Dispositiv ihrer Truppen in der DDR."

Das Sicherheitsrezept, das Gorbatschow anzubieten hat, ist unschwer als trügerisch zu durchschauen. Er schreibt: „Universale Sicherheit beruht in unserer Zeit auf der Anerkennung des Rechts jeder Nation, den Weg ihrer sozialen Entwicklung selbst zu bestimmen, auf dem Verzicht der Einmischung in die inneren Angelegenheiten anderer Staaten . . . Politische Positionen sollten deshalb frei sein von ideologischer Intoleranz."[59]

Nun ist aber der Marxismus-Leninismus in seinem Wesen intolerant, da keine andere Weltanschauung neben der angeblich wissenschaftlichen existieren darf, zumindest nicht als gleichberechtigt. Ferner, wenn es der Sowjetunion geboten erscheint, mischt sie sich durchaus in die Angelegenheiten anderer Staaten und bekennt sich dazu auch, wenn es dem Zeitgeist entspricht, ganz offen, so im geltenden Parteiprogramm mit Blick auf Südafrika:

„Die KPdSU unterstützt den gerechten Kampf der Länder Asiens, Afrikas und Lateinamerikas gegen den Imperialismus und gegen das Joch der transnationalen Monopole für die Durchsetzung ihres souveränen Rechts . . . Die Partei hält es für ihre internationalistische Pflicht, den Kampf der Völker zu unterstützen, die sich noch unter dem Joch des Rassismus befinden und Opfer des Apartheidsystems sind."[60]

Und schließlich: wie glücklich wären wir Bewohner freiheitlicher Demokratien, wenn wir mit Gorbatschow die gleiche Sprache sprächen und die von ihm geforderte „Anerkennung des Rechts jeder Nation, den Weg ihrer sozialen Entwicklung selbst zu bestimmen . . .", dahingehend verstehen dürften, daß er auch den Völkern, die im Sozialismus leben (müssen), eine Alternative gestatten möchte. Solange Gorbatschow aber mit seinen Worten offenbar etwas anderes meint, als was wir beim ersten Lesen ihnen entnehmen, können Worte allein den Glauben an den Beginn einer soliden Friedensperiode, frei von Kriegsfurcht, nicht rechtfertigen. Wenn es Gorbatschow mit seinen schönen Worten ernst ist, kann ihn nichts daran hindern, den Frieden durch eine kontrollierte, ausgewogene

Abrüstung auf allen Gebieten mit dem Ziel struktureller Angriffsunfähigkeit zu sichern. Völlige Sicherheit gibt es aber erst dann, wenn auch die Sowjetmacht durch das bewährte Prinzip der Gewaltenteilung domestiziert sein wird.

6. „Brüder, zur Sonne, zur Freiheit"

Gorbatschow beendet sein Buch, zugleich den außenpolitischen Teil, mit den Sätzen: „Wir wollen, daß im heraufziehenden 21. Jahrhundert überall in der Welt Freiheit herrscht . . . Wir wollen, daß die Menschen eines jeden Landes Wohlstand, Glück und Zufriedenheit genießen können. Der Weg dorthin führt über eine atomwaffenfreie, gewaltfreie Welt. Wir haben diesen Weg eingeschlagen . . ."[61]

Ist die Sowjetunion unter Gorbatschow wirklich auf dem Weg zu diesem Ziel? Sprechen wir nochmals, auch bereits Gesagtes zusammenfassend, drei elementare Punkte an: Selbstbestimmungsrecht (a), Frieden und Sicherheit (b), Freiheit (c).

a) Selbstbestimmungsrecht

Gorbatschow findet wunderschöne Worte: „Jede Nation hat einen Anspruch darauf, den Weg ihrer Entwicklung selbst zu wählen und über ihr Schicksal, ihr Territorium und ihre menschlichen und natürlichen Ressourcen selbst zu bestimmen."[62] Und: „. . . unsere Sympathien liegen immer bei den Völkern, die für Freiheit und Unabhängigkeit kämpfen. Darüber darf es kein Mißverständnis geben."[63]

Aber er schlägt auch nicht andeutungsweise an die eigene Brust, vielmehr, der marxistischen Schulung gemäß, dem Gegner ins Gesicht: „Es ist höchste Zeit, daß die Führer des Westens Mentalität und Denken aus kolonialen Zeiten ablegen. Sie werden das früher oder später tun müssen."[64]

Kein Wort vom russischen Kolonialismus, den Lenin – natürlich nur vor der Machtergreifung – auf das Schärfste gegeißelt hat, kein Wort vom sowjetischen Imperialismus, der seit den Tagen Stalins die Völker Ost-Mitteleuropas ihrer Freiheit beraubt.

Die Westmächte haben alle ihre Kolonien in die Freiheit entlassen, die Sowjetunion nicht eine. Und trotzdem dieses Selbstlob, diese Ausfälle gegen die Mit-Sünder von gestern. Derlei Unverfrorenheit würde selbst Mephisto zur Ehre gereichen.

Der Trick, dessen sich Gorbatschow bedient, ist leicht zu durchschauen: Bei den nichtsozialistischen Staaten wird, auch wenn die Regierenden demokratisch legitimiert sind, ein Dissens zwischen Regierenden und Regierten unterstellt, und die gewalttätige Opposition führt dann einen „Befreiungskampf", im sozialistischen Lager aber gelten die Regierten als mit den Regierenden identisch. Die Opposition besteht dann aus „konterrevolutionären Banden"[65].

b) Frieden und Sicherheit

Um das Jahr 1200 schrieb ein bayerischer Mönch den „Ludus de Antichristo" – „Das Spiel vom Antichristen". Es beschreibt, wie ein europäisches Herrscherhaus nach dem anderen dem Antichristen verfällt und ihm huldigt, zuletzt auch der deutsche Kaiser Barbarossa. Ein Dialog des Kaisers mit dem Antichristen erschließt uns das Geheimnis des Erfolges: Der Antichrist: „Mit zwei Begriffen kriege ich sie alle: ‚Pax et securitas' – ‚Friede und Sicherheit'"[66] Im unter Gorbatschow verabschiedeten Parteiprogramm der KPdSU heißt es: „Die UdSSR beeinträchtigt kein Land in seiner Sicherheit, weder im Westen noch im Osten. Sie bedroht niemanden, sie strebt mit keinem einzigen Staat Konfrontation an und möchte mit allen Ländern in Frieden leben. Seit dem Großen Oktober hält der sozialistische Sowjetstaat das Banner des Friedens und der Völkerfreundschaft hoch."[67]

Gorbatschow selbst war es, der in seiner Rede über 70 Jahre Oktoberrevolution die Vorgänge in und um das Deutsche Reich 1938 angesprochen hat. „Peace in our time" – lautete die Botschaft, die der britische Premierminister Neville Chamberlain nach dem Vertragsabschluß mit Hitler seinem Volke mitbrachte. Statt der erwarteten Kritik bereitete ihm das Unterhaus eine stehende Ovation. Die verständliche Friedenssehnsucht war selbst den Politikern in den Kopf gestiegen. Bereits ein Jahr zuvor hatte sich der langjährige Vorsitzende der britischen Labour Party, George Lansbury, nach einem Besuch bei Hitler endgültig davon überzeugt, daß Hitler friedliche Lösungen strittiger Probleme anstrebe und demzufolge „die Katastrophe, die ein Krieg bedeuten würde, vermieden werde . . ."[68] Damit hatten jene verspielt, die, wie Winston Churchill, zu Vorsicht und Nachrüstung rieten.

Hitlers Strategie, wie er sie am 10. November 1938 im vertrauten Kreise erläuterte, feierte ihre Triumphe. Hitler: „Nur unter der fortgesetzten Betonung des deutschen Friedenswillens und der Friedensabsichten war es mir möglich, dem deutschen Volke Schritt für Schritt die Freiheit zu erringen und ihm die Rüstung zu geben, die immer wieder für den nächsten Schritt als Voraussetzung notwendig war."[69]

Persönlichkeiten wie Carl Goerdeler, der 1937 aus Protest gegen die Politik der Nationalsozialisten als Oberbürgermeister von Leipzig zurückgetreten war, fanden kein Gehör. Er hatte „das Spiel vom Antichristen" durchschaut und warnte vor der „phantastischen Illusion", „to found sound and lasting peace on a pact with the devil."[70]

Kaum waren vier Jahre vergangen, ließ sich, von Blindheit geschlagen, der Präsident der Vereinigten Staaten von Nordamerika zu Lobsprüchen auf ein anderes Terrorregime hinreißen: Franklin D. Roosevelt am 3. 9. 1942 in einer Rundfunkansprache: „Heute erkämpft sich die bewaffnete Jugend Rußlands eine neue persönliche Würde und wirft die letzten Glieder der alten Ketten des Despotismus ab.“[71] Damit machte sich der amerikanische Präsident die Meinung seines Botschafters Davies zu eigen: „Das Rußland Lenins und Trotzkis, das Rußland der bolschewistischen Revolution existiert nicht mehr. Die jetzige Regierung bekennt sich zur Demokratie. Sie ist der Sache des Friedens aufrichtig ergeben. Ihr Vorsatz ist, die Brüderlichkeit unter den Menschen zu fördern.“[72]

Mit seiner Friedensoffensive ist es Gorbatschow wie keinem seiner Vorgänger gelungen, den Bundesdeutschen das Gefühl des Bedrohtseins auszureden. Während sich 1980 nur 34 Prozent „nicht bedroht“ fühlten, waren es 1986 64, 1987 69 und 1988 75 Prozent.[73]

Während sich 1980 nur 30 Prozent für ein neutralisiertes Westdeutschland aussprachen, waren es 1987 44 Prozent. 51 Prozent lehnen Nuklearwaffen als Abschreckungsmittel ab, 79 Prozent wünschen, daß alle Nuklearwaffen vom europäischen Festland entfernt werden.[74]

Ein großer Teil der „Friedensbewegung“ vertritt geradezu vorbehaltlos die Positionen Moskaus. Sie reicht von der sogenannten undogmatischen Linken über die dogmatische Linke bis ins christliche und ökologische Lager.

c) Freiheit

Gorbatschow: „Wir wollen, daß im heraufziehenden 21. Jahrhundert überall in der Welt Freiheit herrscht.“[75] Wir wollen das auch! Also insofern ein gemeinsames Ziel?

Hauptzweige und Struktur der Friedensbewegung

Undogmatische Neue Linke (Ablehung von Ideologie und Dogmatismus) Etiketten (autonom antiimperialistisch)	Dogmatische Neue Linke (marxistisch, aber zur Sowjetunion in Distanz)	Orthodoxe Kommunisten (kommunistisch, an Sowjetunion orientiert)	Christliche Gruppen	Traditionelle demokratische Gruppierungen	Spektrum Ökologie + Frieden
Bundeskongreß unabhängiger Friedensinitiativen Bundeskonferenz entwicklungspolitischer Aktionsgruppen ● Dritte-Welt-Gruppen ● Solidaritäts- und Befreiungsbewegungen ● Entwicklungshilfegruppen Sozialistisches Büro Marxistische Gruppen *Gewaltfreie Gruppen* Föderation gewaltfreier Aktionsgruppen ● Graswurzelbewegung ● Totalverweigerer ● gewaltfreie Anarchisten *Militante Gruppen* ● Komitee für Bombentransporte ● Krieg-dem-Krieg-Gruppen ● Startbahn Initiativen ● Hausbesetzer-Gruppen ● Göttinger Arbeitskreis gegen Atomenergie (GAgA)	Kommunistischer Bund Westdeutschland Bund westdeutscher Kommunisten Marxistisch-leninistische Partei Deutschland Kommunistischer Bund Gruppe Internationaler Marxisten	Deutsche Kommunistische Partei Marxistischer Studentenverband – Spartakus – Sozialistischer Hochschulbund Sozialistische Deutsche Arbeiterjugend Junge Pioniere *DKP-beeinflußt* Komitee für Frieden, Abrüstung und Zusammenarbeit Deutsche Friedens-Union Vereinigung der Verfolgten des Naziregimes – Bund der Antifaschisten Deutsche Friedensgesellschaft – Vereinigte Kriegsdienstgegner Demokratische Fraueninitiative Vereinigung demokratischer Juristen	*katholisch:* Pax Christi Bund der katholischen Jugend Initiative Kirche von unten *evangelisch:* Ohne Rüstung leben (ORL) Evangelische Studentengemeinde (ESG) Christlicher Friedensdienst (CFD) *Sonstige:* Aktionsgemeinschaft Dienste für den Frieden (ADF) Aktion Sühnezeichen / Friedensdienste (ASF) *Kommunistisch beeinflußt:* Christen für Abrüstung (CFA) Christliche Friedenskonferenz (CFK)	Linker SPD-Flügel JUSOS Die Falken Deutsche Jungdemokraten Teile der DGB und der Einzelgewerkschaften (IG Druck + Papier IG Metall GEW) DGB-Jugend Naturfreunde-Jugend	Bundesverband Bürgerinitiativen und Umweltschutz Die Grünen Alternative Gruppen Antiatomkraftbewegungen Ökologiebewegungen

Quelle: IAP Publizistische Gesellschaft für Politik und Zeitgeschehen, Nr. 19/20 29. September 1987

Nur die – groß herausgestellten – *Worte* stimmen überein. „Freiheit" im Marxismus-Leninismus bedeutet genau das Gegenteil von dem, was wir uns darunter vorstellen. Im Marxismus-Leninismus: Fremdbestimmung durch die Partei, in der pluralistischen Staatsordnung: Selbstbestimmung im Rahmen der Sozialverträglichkeit. Auch hier genügt es nicht, Stalin aus der Ideologie des Marxismus-Leninismus zu tilgen. Die radikale Unduldsamkeit beginnt schon mit Marx.[76] Es kann also keinen freiheitlichen Marxismus geben. Und solange Gorbatschow an der Einparteiherrschaft festhält, sind alle, die in die Nomenklatura aufsteigen wollen, gezwungen, Lakeiennatur anzunehmen und, um ein Bild von Marx aufzugreifen,[77] die Exkremente ihres Dalai-Lama hinunterzuschlukken, d. h. sich zumindest mit den Lippen zum Marxismus-Leninismus zu bekennen. Gorbatschows Freiheit ist also nicht die unsrige, und die unsrige wird in absehbarer Zeit nicht die seinige. Das weiß er ganz genau und gebraucht das Wort gleichwohl so, als ob alle damit den gleichen Inhalt verbänden.

XII Ist Gorbatschow der, auf den wir warten?

1. Den Friedensnobelpreis für Gorbatschow

Eingangs wurde die Frage aufgeworfen: Ist Gorbatschow der Erhoffte?

Kein Geringerer als der Nobelpreisträger von Klitzing hat am 14. Juni 1987 anläßlich einer Friedensdemonstration in Bonn den Generalsekretär der Kommunistischen Partei der Sowjetunion für den Friedensnobelpreis vorgeschlagen. Wer sich die oben veröffentlichten Umfrageergebnisse (I 1) vergegenwärtigt, wird kaum bezweifeln, daß er damit der großen Mehrheit des deutschen Volkes aus dem Herzen spricht. Zu dieser Einschätzung Gorbatschows hat sicherlich auch das Presseecho zur Reise von Franz Josef Strauß beigetragen. „Die Zeit" berichtete unter der Überschrift: „Späte Entdeckung", und das Foto, das die beiden Staatsmänner zeigt, wird mit den Worten kommentiert: „Euphorische Bekenntnisse nach einer lange erhofften Einladung."[1] Ähnlich die Kommentare namhafter anderer Gazetten. Die Süddeutsche Zeitung beginnt mit einem Strauß-Zitat: „Ich habe jedenfalls so etwas nicht erwartet."[2] Auch die Westfälische Rundschau spricht von einem sich aufschaukelnden Hochgefühl: „Der Schwenk in den ostpolitischen Vorstellungen des Franz Josef Strauß, dessen Euphorie sich nach dem Treffen mit Gorbatschow von Pressekonferenz zu Pressekonferenz steigerte, scheint total. Sollten die Äußerungen des Exponenten des konservativen Lagers ein generelles Umdenken der deutschen Rechten bedeuten, es wäre atemberaubend."[3] Der Münchner Merkur vom 2./3. Januar 1988 trägt sogar die Überschrift: „Strauß: Anbruch neuen Zeitalters".

2. Kassandrarufe

Bleiben wir bei Franz Josef Strauß und dem „Anbruch eines neuen Zeitalters“. Man ist versucht zu fragen: Wie oft denn noch? Jahrzehnte sang man in Deutschland: „Mit uns zieht die neue Zeit . . .“ Die Charta der Vereinten Nationen vom 26. Juni 1945 will ebenfalls ein neues Äon einläuten. Anläßlich des Abschlusses der Konferenz über Sicherheit und Zusammenarbeit in Europa am 1. August 1975 äußerte der finnische Staatspräsident: „Der heutige Tag ist ein Tag der Freude und der Hoffnung für Europa. Wir haben alle Ursache zu glauben, daß ein neues Zeitalter in unseren gegenseitigen Beziehungen angebrochen ist . . . Jetzt ist der Tag gekommen, wo wir sagen können, daß die Vergangenheit begraben ist . . .“ – Und trotzdem klingt diese Einlassung aus dem Munde von Strauß, eines „ewigen kalten Kriegers“, umwerfend. Freilich, wer nicht nur die Überschrift liest, erfährt, daß Strauß das „neue Zeitalter“ von nicht weniger als drei Konditionen abhängig gemacht hat: „. . . wenn Vertrauen wächst und Furcht abnimmt, wenn in einem Geist der Zusammenarbeit die Periode des Raketenzählens überwunden werden kann.“

Im Bayernkurier hat Strauß umgehend und ausführlich „Die Bilanz einer Moskaureise gezogen“, und hier löst sich alles scheinbar so Sensationelle in zaghaften Optimismus auf.[4]

Gleichzeitig mit dem Erscheinen dieser Nummer des Bayernkurier befand sich der frühere amerikanische Außenminister Kissinger bei Strauß in Wildbad Kreuth und warnte die CSU-Bundestagsabgeordneten vor Illusionen über Gorbatschow. Diese Warnung verband er mit der Feststellung: „Volle Übereinstimmung mit Strauß.“[5]

Herr von Klitzing hat seinen Vorschlag nicht von einem dreifachen Wenn abhängig gemacht. Er hält offenbar alle Voraussetzungen einer solchen Ehrung für gegeben. *Es wäre reizvoll zu wissen, wie gut er die Geschichte Rußlands und der Sowjetunion kennt.*

Die gerade von den Sowjets so hochgelobten Freunde Marx und Engels wurden nicht müde, aufgrund ihrer Geschichtskenntnisse vor Rußland und den Russen zu warnen. „Russ bleibt Russ“[6] – war Engels Ansicht, und er meinte damit genau das gleiche, was Marx mit den Worten aussprach: „Da ich keinem Russen traue . . .“[7] Beide waren sich einig: „Aber den Russen gegenüber sind unsere offiziellen Politiker unbegreiflich dumm.“[8]
Nun ist Skepsis gegenüber allem, was Marx und Engels prognostiziert haben, angezeigt. Pauschale Vorurteile gegenüber Menschen anderer Rasse, Klasse, Nation sind entschieden zu mißbilligen. Doch, sind nicht ihre bestürzenden Visionen, Rußland betreffend, in Erfüllung gegangen? Engels: „Ist aber anzunehmen, daß diese bis ins Riesenhafte gewachsene und ausgedehnte Großmacht auf halbem Wege stehenbleiben wird, wenn sie schon auf dem Wege ist, ein Weltreich zu werden? . . . noch etwas wäre möglich, ja sogar wahrscheinlich. Die zerrissene und gewundene Westgrenze des Reiches, die nicht mit der natürlichen Grenzlinie zusammenfällt, würde einer Berichtigung bedürfen, und es würde sich herausstellen, daß die natürliche Grenze Rußlands von Danzig oder etwa Stettin bis Triest geht . . . Rußland ist entschieden eine Erobernation . . .“[9]

Marx: „Um Rußlands ‚Antipathie‘ gegen Gebietsvergrößerungen zu illustrieren, führe ich folgende Daten aus der großen Anzahl der Eroberungen an, die Rußland seit Peter dem Großen gemacht hat.

Die russischen Grenzen sind vorgerückt: In Richtung auf Berlin, Dresden und Wien um etwa 700 Meilen, in Richtung auf Konstantinopel um etwa 500 Meilen, in Richtung auf Stockholm um etwa 630 Meilen, in Richtung auf Teheran um etwa 1000 Meilen . . . Die gesamten Eroberungen Rußlands in den letzten 50 Jahren sind an Ausdehnung und Wichtigkeit dem ganzen Reich ebenbürtig, das es vor dieser Zeit in Europa besaß."[10]

Das ist zwar sicher kein Resultat des „russischen Menschen", aber Größe – auch territoriale – kann stolz und süchtig machen.

Von Klitzing erinnert an jene liberalen Intellektuellen, die nicht müde wurden, Stalin Weihrauch zu streuen, obwohl er wütete wie Iwan der Schreckliche. Malcolm Muggeridge, der um 1933 in Rußland als Berichterstatter für den Manchester Guardian tätig war, spricht geradezu von einer „Demonstration des großen Todeswunsches": „Moskau war in jenen Tagen das Mekka jedes liberalen Geistes, gleichviel welcher Färbung. Die Liberalen strömten in einer Prozession ohne Ende zusammen, von den Großen wie Shaw und Gide, Barbusse und Julian Huxley, Harold Lasky und den Webbs bis zu armseligen kleinen Lehrern, närrischen Klerikern, Millionären und sabbernden Akademikern, – jeder von ihnen tief durchdrungen, daß unter der Ägide des großen Stalin ein neuer Morgen dämmere, in dem die Menschenrasse zuletzt in Freiheit, Gleichheit und Brüderlichkeit für immerdar vereint sein werde."[11]

Selbst ein so erfahrener Politiker wie Präsident Franklin D. Roosevelt verfiel, nach der Aufnahme diplomatischer Beziehungen im Jahre 1933, immer stärker dem Irrglauben, mit „Uncle Jo" eine friedliche neue Welt aufbauen zu können. Warnungen der Moskau-Botschafter William C. Bullitt und George Kennan schlug der Präsident in den Wind. Er begann an die „Konvergenz-Theorie" zu glauben und mit ihm ein beträchtlicher Teil der amerikanischen Öffentlichkeit.

Nach der Unterzeichnung des Reagan-Gorbatschow-Abkommens 1987 schrieb die französische Zeitung „Le Figaro", schon 1945 habe ein alter und schwacher Präsident der USA die Hälfte Europas aufgegeben. Und die Washington Post erinnerte daran, daß 1959 anläßlich der Begegnung von Präsident Eisenhower mit Nikita Chruschtschow der damalige Sowjet-Führer als „frisch-neuartig, offen und energisch" charakterisiert wurde.[12]

Ähnliche Elogen waren zu hören, als in der Ära Breschnew der KSZE-Vertrag in Helsinki unterzeichnet wurde. Trotz all dieser erfolgversprechenden Männer und Taten ist die politische Situation in Rußland heute kaum besser als vor 70 Jahren und immer noch schlechter als vor 80 Jahren.

Überhören wir nicht die kritischen Stimmen derer, die als standhafte Dissidenten dem Totalitarismus die Stirne bieten, z. B. Wladimir Bukowskij, Anatoli Korjagin und Rainer Kunze:

Bukowskij: „Kein Wunder, daß Gorbatschow im Westen mehr Bewunderung gefunden hat als im eigenen Land – letzten Endes will er nicht das System ändern, sondern es retten, ebenso wie seine eigene Haut."[13]

Korjagin: „‚Perestrojka' ist eine langfristige Strategie des Politbüros, die das Ziel verfolgt, den Westen zu täuschen und heute bereits von ihm ‚Vertrauen auf Kredit' verlangt, indem sie sich die westlichen Erwartungen auf kommende Änderungen in der Sowjetunion zunutze macht. Auch das eigene Volk, von dem eine Steigerung der Leistung und öffentlich-politische Aktivität verlangt wird, wird getäuscht."[14]

Kunze zitiert einen Brief aus der DDR: „Und ich habe keine Hoffnung, auch nicht auf Gorbatschow. Denn den Sozialismus demokratisch machen ist wie Schneebälle braten. Eher glaube ich an einen plötzlichen Umschwung und an den Rückfall in den eisigen Stalinismus." Er selbst fährt unmittelbar anschließend fort: „Untypisch? Hat im Gegenteil die

Angst nicht nachgelassen? Ja. Aber aufgrund einer Fehleinschätzung der Verhältnisse – einer Fehleinschätzung, die im Westen genährt wurde und genährt wird, ohne daß diejenigen, die sie nähren, ein Risiko eingehen. Nichts in der Sowjetunion bietet die Garantie, daß jene, die heute Gorbatschow unterstützen, morgen nicht im Lager verschwinden."[15]

Der als sehr nüchtern bekannte Sir Karl Popper beobachtet Gorbatschow und die Sowjetunion mit großer Skepsis: „Sicherheit über Rußland werden wir nie haben, und ich bin durchaus dafür, gewisse Risiken in Kauf zu nehmen. Aber es hat keinen Sinn, sozusagen in eine Falle zu laufen, wie es der Westen gegenüber Hitler gemacht hat . . . Man ist verpflichtet, skeptisch zu sein."[16]

3. Vertrauensbildende Maßnahmen

Vertrauen ist keine Tugend. Mißtrauen ist kein Laster. Wenn es um nichts geht, kann man jedermann vertrauen. Stehen existentielle Werte auf dem Spiel, ist blindes Vertrauen, leichtfertiges Vertrauen unverzeihlich. Dann darf man nur dem vertrauen, der sich Vertrauen verdient hat, der glaubwürdig ist. „Trau, schau wem!" – lautet ein aus dem Mittelalter stammendes, bewährtes deutsches Rechtssprichwort. Vertrauen läßt sich nicht vereinbaren. Gorbatschow wirbt um unser Vertrauen. Aber hat er es schon verdient? Seiner politischen Glaubwürdigkeit stehen insbesondere folgende Punkte entgegen:

a) Das Bekenntnis zu Lenin. Für uns ist Lenin kein unbeschriebenes Blatt, auch kein Vorkämpfer für Freiheit und Gerechtigkeit, vielmehr ein skrupelloser Machtpolitiker, der großes Unheil über sein Land und die Welt gebracht hat (II).

b) Das Bekenntnis zum dialektischen Materialismus. Er ist das Rezept, wie man immer recht behält, auch wenn man sich noch so sehr irrt (III).

c) Die Widersprüchlichkeit seiner Aussagen, durch die seine dialektische Schulung manifest wird (I 3).

d) Seine Leugnung der Menschenrechte im abendländischen Sinne (V).

e) Sein kämpferischer Atheismus (VI 2 und 3).

f) Die Inkonsequenzen, die mit Bezug auf Glasnost zu konstatieren sind (VII).

g) Sein Reden von der „Parteilichkeit der Wahrheit", wodurch das Streben nach Objektivität diskreditiert wird (VIII 1).

h) Seine mangelhafte Auseinandersetzung mit der Geschichte des eigenen Landes und der eigenen Partei (VIII 1 – 3).

i) Seine Weigerung, die politische Gleichberechtigung aller Menschen ungeachtet ihrer Parteizugehörigkeit zu respektieren (IX 1 – 5).

k) Sein Motiv für Glasnost und Perestrojka: Aktivierung der sowjetischen Wirtschaft, also Steigerung der ökonomischen Kraft (X).

l) Seine Weigerung, das in der Theorie lauthals proklamierte Selbstbestimmungsrecht der Völker in der Praxis zu tolerieren (XI 2).

m) Die weitere einseitige Hochrüstung der Sowjetunion (XI 5).

n) Seine persönliche Einbindung in die Verfassung der Sowjetunion und das Parteistatut der KPdSU.

o) Seine Karriere im Schoße der Kommunistischen Partei, die zumindest geheuchelte Hingabe an den Marxismus-Leninismus voraussetzt.

Auch beim besten Willen könnte er die Mehrzahl dieser Vorbehalte nicht über Nacht aus dem Weg räumen. Aber will er überhaupt insofern eine Änderung herbeiführen? Mit seinen eigenen Worten läßt sich dies fast Punkt für Punkt in Abrede stellen.

Davon ganz abgesehen, stellt sich die Frage, ob auf Gorbatschow nicht das gleiche Schicksal wartet wie auf Chruschtschow. Andere russische Reformatoren, wie z. B. der „Befreier-Zar" Alexander II. und Stolypin, mußten ihren Eifer sogar mit dem Leben bezahlen (1881 bzw. 1911). Gegner hat er nicht nur in der Partei, sondern auch in den konservativen, nationalistischen, panslawistischen Teilen der Bevölkerung, die den westlichen Freiheitsideen und Demokratiepostulaten abhold sind (z. B. Pamjat-Bewegung).

4. Appell an die Massenmedien, die Wirtschaft und die Politiker

Mehr als ein Dutzend sachlich fundierter Vorbehalte stehen der Glaubwürdigkeit Gorbatschows entgegen. Wie kommt es, daß sein Ansehen in der Bevölkerung deutlich größer ist als das der demokratisch legitimierten Staatsmänner? Die befragte Bevölkerung kennt Gorbatschow nicht von Angesicht zu Angesicht, sondern durch die Massenmedien und die aus Moskau heimkehrenden Politiker. Sie sind ursächlich für dieses falsche Bild, das bei einer nüchternen Berichterstattung nicht entstanden wäre. Aber das Publikum wünscht Sensationen. Und ist es nicht eine Sensation, wenn vom guten Menschen aus dem „Reich des Bösen" berichtet wird?

Wunschdenken erfährt so Befriedigung. Auch wissen die Psychologen ein Lied davon zu singen, wie sehr die in der Hand eines Mannes gebündelte Macht imponiert. Zugleich gibt es jenen Journalisten und Politikern, die gegenüber den Amerikanern im allgemeinen und Konservativen wie Ronald Reagan im besonderen Vorbehalte haben, Gelegenheit, diese durch Überhöhung der Sowjetunion und ihres Führers geschickt kaschiert auszuspielen.[17]

Wie ganz anders stünde es um Gorbatschows Ansehen im Westen, würden die Journalisten und Politiker gegenüber Gorbatschow jene Sprache sprechen, die für sie gegenüber Reagan, Kohl, Thatcher, von Waldheim und Pinochet ganz zu schweigen, selbstverständlich ist? Dabei hat doch letzterer die Rückkehr seines Landes zur vollen Demokratie in – zugegeben sehr langen – Etappen programmiert und begonnen.

Wer hat sich kritisch mit Gorbatschows berühmter „Sportpalastrede“ vom Januar 1987 auseinandergesetzt? Darin heißt es gleich zu Beginn: „Genossen! Unser Plenum findet im Jahr des Jubiläums des Großen Oktobers statt. Vor fast sieben Jahrzehnten hat die Partei Lenins das siegreiche Banner der sozialistischen Revolution, des Kampfes für den Sozialismus, für Freiheit und Gleichheit, für soziale Gerechtigkeit und gesellschaftlichen Fortschritt, gegen Unterjochung und Ausbeutung, gegen Armut und nationale Rechtlosigkeit über unserem Lande gehißt.“[18] Was ist das für eine gewaltige Entstellung der Wirklichkeit? Wo ist dort Freiheit, wo Gleichheit, wo soziale Gerechtigkeit? Auf den Leichen Dutzender von Millionen unschuldig Ermordeter hat sich, wie der frühere Kommunist Milovan Djilas ausführt, eine neue Klasse etabliert.[19]

Würden derlei dreiste Unwahrheiten einen Sturm des Protests auslösen, würde Gorbatschow es sich reiflich überlegen, weiterhin auf diese Weise die Welt hinters Licht zu führen. So aber wird ihm in einer der führenden deutschen Tageszeitungen attestiert, und zwar als Überschrift: „Im Stil faszinierend.“[20] Als ob nicht auch jener Mann, mit dem Gorbatschow zu vergleichen Kohl die Unschicklichkeit begangen hat, immer „im Stil faszinierend“ gesprochen und geschrieben hätte.

Wohl alle größeren Zeitungen und Zeitschriften haben „Das Buch des Jahres“, verfaßt vom „Mann des Jahres“, besprochen. Mir ist nicht eine Rezension in die Finger gekommen, in der die zahlreichen Widersprüche und die Geschichtsklitterungen deutlich gebrandmarkt worden wären. Typisch sind vielmehr Besprechungen wie die der „Zeit“. Sie trägt die Überschrift: „In seinem tiefsten Innern ein Idealist“ und darunter „Was immer von seinem Programm verwirklicht werden wird, es kann schwerlich etwas anderes als eine Verbesserung sein.“[21] Wäre Reagan der Autor eines so ungereimten Buches, Kübel voll Häme hätte man über ihn gestülpt.

Wirkliche Tragödien, die zu Lasten der KPdSU gehen, werden in der Regel kaum erwähnt, geschweige denn, wie etwa die Iran-Contra-Affäre der USA, ausgeschlachtet. Da heißt es beispielsweise nur: „Moskau (dpa) – Mehr als 10 000 Sowjetbürger, die giftigen Alkohol-Ersatz getrunken haben, sind 1987 ums Leben gekommen. Dies berichtete die Regierungszeitung ‚Iswestija‘ am Montag. U. a. sei dafür der Mangel an Alkohol verantwortlich.“[22] Dieser „Mangel an Alkohol“ ist auf Gorbatschows Anti-Alkoholkampagne zurückzuführen, die er zwischenzeitlich abblasen mußte. Was geschähe mit einem demokratischen Politiker, dem eine solche Fehlinitiative anzulasten wäre? Wochenlang stünde er im Feuer bitterster Kritik! 10 000 Tote!

Oder: „Moskau (dpa) – In der Sowjetrepublik Usbekistan haben sich in den vergangenen zwei Jahren 270 Frauen selbst verbrannt, um ‚gegen die Erniedrigung ihrer Ehre und Menschenwürde‘ zu protestieren . . . Die ‚Prawda‘ berichtet ferner, daß in Usbekistan nur 32,9 Prozent der arbeitsfähigen Bevölkerung in einem Beschäftigungsverhältnis steht.“[23] Auch das ist keines Kommentars wert, führt zu keiner Anklage der politisch Verantwortlichen. Mit Blick auf die Sowjetunion sind wir nach wie vor weitgehend blind, und wenn uns die Partei-oder die Staatszeitung einen Blick hinter den Eisernen Vorhang gönnt, wollen wir gar nichts Unerfreuliches wahrnehmen.

Andererseits aber stellte uns eine der führenden Wochenzeitungen Sergej Achromejew, den neuen sowjetischen Generalstabschef, unter der Überschrift vor: „Ein Soldat mit Augenmaß . . . kein Doktrinär“[24]. Keine Silbe davon, welches Geschichtsbild er verbreitet. In dem von ihm chefredigierten Militärlexikon heißt es beispielsweise mit Blick auf den sowjetisch-finnischen Krieg 1939 – 1940: Er wurde „provoziert durch reaktionäre Kreise Finnlands, aufgehetzt vom internationalen Imperialismus“[25] – Der „Soldat mit Augenmaß“ trat zurück, als er von Gorbatschows Plan einer einseitigen Truppenreduzierung erfuhr!

Unzeitgemäße Erinnerungen drängen sich auf, die uns zeigen, zu welch irrationaler Begeisterung ein Volk verführt werden kann. Joachim Fest und Sebastian Haffner sind sich einig: „Wenn Hitler Ende 1938 einem Attentat zum Opfer gefallen wäre, würden nur wenige zögern, ihn einen der größten Staatsmänner der Deutschen, vielleicht den Vollender ihrer Geschichte zu nennen.“[26]

Was haben wir Demokraten für einen Anlaß, Moskaus Propagandaoffensive zu unterstützen und die Misere im Land zu verschweigen?

Bei seinem Besuch in Moskau (Oktober 1988) erklärte der Bundeskanzler der Bundesrepublik Deutschland in einer sicherlich sorgfältig vorbereiteten Ansprache: „Lassen Sie mich an dieser Stelle die erfreulich hohe Zahl der Ausreisen von Deutschen aus der Sowjetunion in den letzten Monaten und Jahren würdigen.“[27] – Müßte man nicht viel stärker an die Sowjetführung appellieren, Zustände zu schaffen, die ein

Verbleiben der Menschen in jenem Land ermöglichen, das ihre Ururgroßväter als neue Heimat erwählten?

Die Sowjetunion hat sich in mehrfacher Hinsicht zum Besseren gewandelt. Davon war ausführlich die Rede. Und wer das Gute will, kann nur hoffen, daß die Entwicklung so weitergeht. Auch die wirtschaftlichen Ziele sind an sich begrüßenswert, weil, falls verwirklicht, der armselige Lebensstandard eine Anhebung erfahren dürfte. Doch müssen wir damit rechnen, daß, wenn die Sowjetunion wirtschaftlich ein Riese geworden sein sollte, und die Voraussetzungen dafür sind angesichts der ungeheuren Bodenschätze gegeben, ihre geballte Faust noch kräftiger auf den Verhandlungstisch schlagen wird. Der namhafte Osteuropa-Wirtschaftsexperte Werner Gumpel hat vor einigen Jahren die Vorhersage gemacht: Die Sowjets „sind damit auch zum Nachdenken über das Wirtschaftssystem gezwungen. So lange dieses in seinem bürokratisch-inflexiblen Zentralismus verharrt, kann die Effizienz der sowjetischen Wirtschaft auch bei Erschließung neuer Ressourcen kaum fühlbar gehoben werden. Sicher erkennen dies eines Tages auch die sowjetischen Führer und lassen die Ideologie hinter ihre machtpolitischen Ziele zurücktreten. Dann allerdings werden für den Westen schwere Zeiten anbrechen."[28]

Auch die „Repräsentanten der Finanzoligopole", diese „Vampire", „Blutsauger" usw., wie sie von den Marxisten seit eh und je beschimpft werden, sollten den Eindruck vermeiden, daß sie der Profite wegen jede Demütigung in Kauf zu nehmen gewillt sind. Nicht ihnen steht das Wasser bis an den Mund. Hat man bei den Gesprächen mit der anderen Seite das Ende der Desavouierungen, die auch in „Perestrojka" Seiten füllen (XI 4), gefordert? Daß Lenin je gesagt hat, die Unternehmer würden selbst die Stricke verkaufen, mit denen sie anschließend gehenkt werden, ist bis heute nicht nachgewiesen. Die deutschen Unternehmer sollten aber alles vermeiden, was eine solche Betrachtungsweise verstärken könnte. Radio Moskau berichtet von der „maßlosen Freude [westlicher Geschäftsleute] über den sich bietenden riesigen sowjetischen Markt."[29]

Die Entspannung ist bisher nur eine atmosphärische. Der INF-Vertrag macht die Sowjetunion unverwundbar für in Westeuropa stationierte Atomwaffen, während Westeuropa selbst nach wie vor im Schußfeld des Warschauer Paktes bleibt. Und die Glasnost-Freiheiten sind nirgendwo unwiderruflich verbürgt, nirgendwo durch persönliche und sachlich unabhängige Richter geschützt. „Sozialistische Demokratie" ist keine Demokratie.

Daher ist goldrichtig, was Henry Kissinger Anfang Januar 1988 in Wildbad Kreuth geäußert hat: „Es stört mich, wenn man sagt: Man muß Gorbatschow helfen. Er muß sich selbst helfen."[30]

Dies gilt so lange, bis die Sowjetunion ein Verfassungsstaat im westlichen Sinne geworden ist. Bis dahin müssen wir uns in Geduld üben, gegen Feigheit und Verlockungen ankämpfen.

Marx war nicht der erste, aber wohl der Namhafteste, der die Erkenntnis aussprach: „Wenn die anderen Mächte fest bleiben, so wird sich Rußland sicherlich höchst bescheiden zurückziehen."[31]

Mustergültig Konrad Adenauer 1955 in Moskau. Die Sowjets baten den Kanzler des total besiegten Deutschland um die Aufnahme diplomatischer Beziehungen (!). Er aber ließ die Koffer packen, als Chruschtschow zögerte, auf die deutschen Bedingungen einzugehen, nämlich Freilassung der deutschen Kriegsgefangenen. Und die Sowjets gaben nach.

Bis heute gehen die Chinesen nicht von ihren Vorbedingungen für ernsthafte Gespräche mit Gorbatschow ab, insbesondere Beendigung der Unterstützung des vietnamesischen Imperialismus. Und haben sie nicht gute Aussichten, daß diese legitime Forderung erfüllt wird?[32]

Auch wir müssen Bedingungen stellen, zur geistigen und psychologischen Gegenoffensive antreten, insbesondere Gorbatschow immer wieder und öffentlich beim Wort nehmen, gerade was das Selbstbestimmungsrecht der Menschen und der Völker, das in verbindlichen Verträgen niedergelegt ist, anlangt.

Wenn der gegenwärtige Trend sich fortsetzt, verlieren wir das Vertrauen unserer westlichen Nachbarn (das Wort von den incertitudes allemandes, der deutschen Unsicherheit, geht um), verlieren wir die Verteidigungsbereitschaft unserer Jugend – warum Wehrdienst, wenn die andere Seite die vertrauenswürdigere Führung hat? – gefährden wir unsere freiheitliche demokratische Grundordnung.

Gorbatschow hat Glasnost und Perestrojka nicht aus Liebe zu uns eingeleitet. Daher wird er seine neue Politik nicht schon dann aufgeben, wenn unsere Hoffnung durch nüchterne Skepsis gezügelt wird.

Als Chruschtschow seinerzeit Stalins Verbrechen publik machte, erzählte man in Moskau den Witz von der Großmutter, die ihren Enkel zum Schlafen bringen wollte. „Babuschka", fragte der Junge, „war Lenin ein guter Mensch?" „Ja, mein Kind, er war ein guter Mensch." – „Und Stalin – war der ein guter Mensch?" – „Nein, Kind, er war ein schlechter Mensch." – „Und Chruschtschow?" – „Schlaf, Junge! Wenn er gestorben ist, wird man es uns sagen." – *Wir* dürfen nicht die Augen schließen und zuwarten, bis uns eine gute Fee das Geheimnis der letzten Absichten Gorbatschows lüftet.

Das Wort des Propheten gilt auch heute: „Brüder, seid nüchtern und wachet!“

— Подождем. а вдруг это мираж? Рисунок Л. НАСЫРОВ.

Warten wir's ab, ob dies nicht eine Fata Morgana ist!
Aus „Krokodil“ (Satirezeitschrift), 19. 7. 1988

Anmerkungen
(a.a.O. verweist auf das Literaturverzeichnis)

Zu I (S. 9-19)

1 Konrad Löw „Noch ist Deutschland nicht verloren“ in BLZ-Report/Der Staatsbürger/ Febr. 1985/Beilage der Bayerischen Staatszeitung S. 8.

2 Gorbatschow „Perestrojka“ a.a.O.

3 Münchner Merkur 6./7. 2. 1988.

4 Nach International Herald Tribune 18. 8. 1988.

5 Time, Dec. 21, 87 S. 8.

6 Bayernkurier 26. 11. 88 („Ein Wechsel . . .“).

7 Ernst-Otto Maetzke in Frankfurter Allgemeine Zeitung 29. 10. 1987.

8 Noch am 19. 3. 88 veröffentlichte die Zeitung „Sowjetische Kultur“ eine jener Mitteilungen, wie sie bisher, die IGfM betreffend, an der Tagesordnung gewesen sind: „Eine ‚Gesellschaft‘ von Verleumdern: Hinter dem wohlklingenden Namen ‚Gesellschaft für Menschenrechte‘ verbirgt sich eine Unterorganisation der weltweiten Internationale der rechten Kräfte. Eine solche entlarvende Charakterisierung bekamen die professionellen ‚Freiheitskämpfer‘, die sich in Frankfurt a. Main verschanzt haben, von Vertretern der progressiven Öffentlichkeit der BRD, die vor kurzem zusammen mit der Evangelischen Kirche eine Konferenz abhielten . . . Die ‚Gesellschaft‘ steht in engem Kontakt mit ehemaligen Somoza-Anhängern, mit Rassisten aus Pretoria und mit der weltweiten antikommunistischen Liga. Es ist dokumentarisch erwiesen, daß sich unter ihren Kunden Neonazis aus der verbotenen ‚Wehrsportgruppe Hoffmann‘ befanden . . . (TASS, Bonn).“

9 Siehe Literaturverzeichnis.

10 Gorbatschow „Die Rede . . .“ a.a.O. 90.

11 Gorbatschow „Perestrojka“ a.a.O. 96

12 Gorbatschow „Perestrojka“ a.a.O. 97

13 Gorbatschow „Perestrojka“ a.a.O. 132

14 Gorbatschow „Perestrojka“ a.a.O. 333f.

15 Gorbatschow „Perestrojka“ a.a.O. 335

16 Gorbatschow „Perestrojka“ a.a.O. 19

17 Gorbatschow „Perestrojka“ a.a.O. 19

18 Gorbatschow „Perestrojka“ a.a.O. 47

19 Gorbatschow „Perestrojka“ a.a.O. 48

20 Gorbatschow „Perestrojka“ a.a.O. 8

21 Gorbatschow „Perestrojka“ a.a.O. 8

22 Gorbatschow „Perestrojka“ a.a.O. 9

23 Gorbatschow „Perestrojka“ a.a.O. 19

24 Gorbatschow „Perestrojka“ a.a.O. 18

[25] Gorbatschow „Perestrojka" a.a.O. 18

[26] Gorbatschow „Perestrojka" a.a.O. 55

[27] Aus dem Dritten Parteiprogramm der KPdSU des Jahres 1961 nach Neues Deutschland 31. 7. 1961.

[28] Gorbatschow „Perestrojka" a.a.O. 52

[29] Gorbatschow „Perestrojka" a.a.O. 166

[30] Gorbatschow „Perestrojka" a.a.O. 333

Zu II (S. 20–30)

[1] Siehe auch Gottfried Mai „Lenin – Die pervertierte Moral" Berneck-Schweiz 1988; Wettig a.a.O.

[2] Gorbatschow „Perestrojka" a.a.O. 27f.

[3] Gorbatschow „Perestrojka" a.a.O. 54

[4] Gorbatschow „Perestrojka" a.a.O. 9

[5] Gorbatschow „Perestrojka" a.a.O. 11

[6] Gorbatschow „Perestrojka" a.a.O. 42

[7] Gorbatschow „Perestrojka" a.a.O. 54

[8] Lenin a.a.O. 33, 301

[9] Shub a.a.O. 442

[10] Motschmann a.a.O. 53

[11] Konrad Löw „Totalitäre Elemente im originären Marxismus" in Konrad Löw (Hrsg.) „Totalitarismus" Berlin 1988 S. 166ff.

[12] Aufschlußreich dazu die Ausführungen von Shub a.a.O. 429f.

[13] Shub a.a.O. 436.

[14] Nach Rheinischer Merkur 24. 9. 65 S. 30. In keiner amtlichen Lenin-Ausgabe enthalten.

[15] Gorbatschow „Perestrojka" a.a.O. 56.

[16] Sowjetische historische Enzyklopädie, Moskau 1973, Bd. 14 Sp. 918.

[17] Ruffmann a.a.O. 44.

[18] Shub a.a.O. 414.

[19] Nach Hans Graf Huyn „Der Angriff . . ." Wien/München 1978 S. 26f.

[20] 18. 8. 1919.

[21] Lenin a.a.O. 31, 280f.

[22] Lenin, Ausgewählte Werke Bd. 2, S. 701.

[23] Nach Deutsche Tagespost 25. 2. 88 S. 8.

[24] Maxim Gorki „Unzeitgemäße Gedanken über Kultur und Revolution", Frankfurt a. M. 1972, S. 97f.

[25] Rosa Luxemburg „Gesammelte Werke" Berlin (Ost) 1972ff. 4, 362f.

[26] Maxim Gorki „Erinnerungen an Zeitgenossen" Frankfurt a.M. 1962, S. 212f.

[27] Nach IGfM „Perestrojka – Was Sowjetbürger heute sagen und schreiben" Heft 7, Juli 77 S. 13.

Zu III (S. 31–47)

1 Radio Budapest, 16. 11. 1987, 13.29 MEZ, Sendung für Österreich.
2 Radio Tirana 30. 5. 1988 6.19 MEZ Sendung in deutscher Sprache
3 Gorbatschow „Perestrojka" a.a.O. 42
4 Gorbatschow „Perestrojka" a.a.O. 32
5 Gorbatschow „Perestrojka" a.a.O. 43
6 Die Welt 16. 4. 88
7 Gorbatschow „Perestrojka" a.a.O. 59
8 MEW a.a.O. 1, 344f.
9 MEW a.a.O. 36, 597
10 MEW a.a.O. 36, 578
11 MEW a.a.O. 19, 337
12 MEW a.a.O. 21, 249
13 MEW a.a.O. 20, 348
14 MEW a.a.O. 19, 242
15 MEW a.a.O. 19, 243
16 MEW a.a.O. 18, 556
17 MEW a.a.O. 13, 9
18 MEW a.a.O. 18, 333; sinngleich 4, 339; 23, 15f.
19 MEW a.a.O. 15, 374
20 MEW a.a.O. 22, 429
21 MEW a.a.O. 3, 35; ebenso 39, 89
22 Lenin a.a.O. 22, 355
23 Lenin a.a.O. 31, 57
24 MEW a.a.O. 20, 87f.
25 MEW a.a.O. 31, 15
26 MEW a.a.O. 34, 170
27 A. F. Schischkin „Grundlagen der marxistischen Ethik" Berlin (Ost) 1965
28 Gorbatschow „Perestrojka" a.a.O. 9
29 Siehe dazu Näheres X 2 e
30 Siehe dazu Näheres X 3
31 Radio Moskau 7. 7. 1988 6.50 MEZ; Sendung in deutscher Sprache
32 Lenin a.a.O. 22, 245
33 Lenin a.a.O. 25, 477
34 Alle Fundstellen und weitere Belege siehe Gustav Wetter „Sowjetideologie heute" Frankfurt 1965 S. 292f.
35 Milovan Djilas schreibt in „Gorbatschow zwischen den Klippen . . ." (Epoche Nr. 107 S. 31) „So absurd es sich anhören mag – in den kommunistischen Systemen keimen ‚kapitalistische Formen' auf (wenn auch nur partielle), in einigen haben sie bereits Wurzeln geschlagen: Verselbständigung von Unternehmen, marktorientierte Produktion, Zulassung von persönlichen Tätigkeiten. Der ‚Kapitalismus' wird ohne Zweifel auch von der Außenwelt in den ‚Sozialismus' hineingebracht, aber das wäre nicht möglich, wenn nicht letzterer selbst einen ‚Kapitalismus' gebären würde."
36 Gorbatschow „Perestrojka" a.a.O. 28
37 Gorbatschow „Perestrojka" a.a.O. 29
38 Gorbatschow „Perestrojka" a.a.O. 58
39 Gorbatschow „Perestrojka" a.a.O. 59
40 Siehe Löw „Die Lehre . . ." a.a.O. III
41 „Gespräche mit Eckermann" – Gedenkausgabe der Werke, Briefe und Gespräche, Zürich 1976 S. 661f.
42 Frank Fiedler (Hrsg.) „Dialektischer und historischer Materialismus" Berlin (Ost) 1974 S. 15
43 MEW a.a.O. 29, 161
44 Gorbatschow „Perestrojka" a.a.O. 120

[45] Gorbatschow 2. 11. 87 „Sowjetunion heute“ Sondernummer Nov. 87 S. 5

[46] Oswald von Nell-Breuning „Wir alle stehen auf den Schultern von Karl Marx“ in: Stimmen der Zeit 76, 621

[47] Nach Helmut Dahm „Der XXVII. Parteitag der KPdSU und ihr neues Programm . . .“ BiOst, Köln 1986 S. 68

[48] Helmut Dahm „Der XXVII. Parteitag der KPdSU . . .“ BiOst, Köln 1986 S. 12

[49] Gorbatschow „Perestrojka“ a.a.O. 202f.

[50] Gorbatschow „Perestrojka“ a.a.O. 203

[51] Hans Günter Hockerts „Die nationalsozialistische Kirchenpolitik . . .“ Beilage zur Wochenzeitung Das Parlament 30/83 S. 24.

[52] Leszek Kolakowski „Das Schisma steht noch aus“ Der Spiegel 1977 Nr. 19 S. 166

Zu IV (S. 48 – 58)

[1] Michael Silnizki „Aktuelle Emanzipationsversuche der sowjetischen Philosophie . . .“ BiOst, Köln 1988

[2] Nach Friedrich-Christian Schroeder „Moskau entdeckt den Rechtsstaat“ in Frankfurter Allgemeine Zeitung 19. 7. 1988; siehe ferner „Offene Worte“ a.a.O. S. 66ff., 548ff.

[3] Gorbatschow „Perestrojka“ a.a.O. 132

[4] Gorbatschow „Perestrojka“ a.a.O. 132

[5] Nach Roj Medwedjew „Plädoyer für eine Ehrenrettung“ Süddeutsche Zeitung 1./2. 8. 1987.

[6] Nach Andreas Bilinsky „Garantien der Bürgerrechte in der Sowjetunion“ ROW 88, 219

[7] Gorbatschow „Perestrojka“ a.a.O. 132f.

[8] Carl Schmitt „Nationalsozialismus und Rechtsstaat“ NJW 34, 715

[9] Siehe dazu Klaus Sieveking „Die Entwicklung des sozialistischen Rechtsbegriffs in der DDR“ Berlin (West) 1975

[10] MEW a.a.O. 6, 102

[11] MEW a.a.O. 39, 426

[12] MEW a.a.O. 5, 395

[13] MEW a.a.O. 5, 401

[14] MEW a.a.O. 5, 196

[15] MEW a.a.O. 7, 498

[16] MEW a.a.O. 17, 339

[17] MEW a.a.O. 17, 624

[18] Zitiert nach László Révész „Die Sprache als Waffe – Zur Terminologie des Marxismus-Leninismus“ München 1983 S. 252

[19] Michael Voslensky „Rechtsstaat nach Moskauer Muster . . .“ Das Parlament 5./12. 9. 1987 S. 17

[20] Gorbatschow „Perestrojka“ a.a.O. 136

[21] Carl Schmitt „Nationalsozialismus und Rechtsstaat“ NJW 34, 716

[22] Nach Münchner Merkur 3. 11. 88; Einzelheiten siehe Boris Meissner „Gorbatschows soziopolitisches Programm“, Außenpolitik IV/88, S. 384 ff.

[23] Nach Albert Schäffer „‚Perestrojka‘ auch in der sowjetischen Rechtsordnung?“ Frankfurter Allgemeine Zeitung 17. 5. 1988

[24] Friedrich-Christian Schroeder „Mängel der Juristenausbildung in der Sowjetunion“ ROW 88, 256

[25] Andreas Bilinsky „Garantien der Bürgerrechte in der Sowjetunion“ ROW 88, 227

[26] Claus-Jürgen Kuss „Gerichtliche Verwaltungskontrolle in der Sowjetunion: Eine überfällige Reform . . .“ Jahrbuch für Ostrecht 87, 274

Zu V (S. 59 – 69)

[1] Armin Behrendt „Heimstatt der Menschenrechte“ in „Der Morgen“ Berlin (Ost) 22./23. 9. 79

[2] MEW a.a.O. 13, 9

[3] MEW a.a.O. 1, 347ff.

[4] MEW a.a.O. 1, 370

[5] Autorenkollektiv „Marxistisch-leninistische Staats- und Rechtstheorie/Lehrbuch“ Berlin (Ost) 1980 S. 411

[6] (wie 5) S. 417

[7] (wie 5) S. 417

[8] Vergleiche dazu Henn-Jüri Uibopuu „Kopernikanische Wende in der sowjetischen Völkerrechtstheorie“ ROW 88, 242, worauf sich die folgenden Ausführungen stützen.

[9] Siehe z. B. „Moskau beschwört alte Feindbilder und fordert ‚neues Denken‘ in der Deutschlandfrage“ Frankfurter Allgemeine Zeitung 25. 4. 88.

[10] Robert S. Wistrich „Der neue Krieg gegen die Juden“ Kontinent 1986 Heft 3 S. 61ff.

[11] Z. B. Sergej Ljosow u. a. „Noch einmal über die ‚sogenannte jüdische Frage‘“ Kontinent 1988 Heft 2 S. 92ff.

[12] (wie 10) S. 63

[13] „Menschenrechte“ Nov./Dez. 88 S. 20

[14] „Stimme der Märtyrer 12/88 S. 4. Am Jahresende 1988 waren bei der IGfM 431 Gewissensgefangene in der Sowjetunion registriert.

[15] Rheinischer Merkur 10. 7. 1987 S. 4

[16] Frankfurter Allgemeine Zeitung 27. 2. 89

[17] Nach Cornelia Gerstenmaier „Lockerungsübungen – Menschenrechte unter Gorbatschow“ Die politische Meinung Juli/August 1987 S. 37

[18] Siehe Ernst Levy „Auch unter Gorbatschow kein verbrieftes Recht auf Freizügigkeit“ Frankfurter Allgemeine Zeitung 21. 7. 1988.

[19] Nach Cornelia Gerstenmaier „23 Jahre Haft – ein Tag Amnestie“ Rheinischer Merkur 25. 3. 88

[20] Olga Alexandrova „Informelle Gruppen und Perestrojka in der Sowjetunion: Eine Bestandsaufnahme“ BiOst Köln 1988

[21] Pressemitteilung IGfM 8. 12. 87

[22] „Moskau beginnt Kampagne gegen Bürgerrechtler“ Frankfurter Allgemeine Zeitung 2. 2. 88

[23] Siehe Bulletin des Presse- und Informationsamtes der Bundesregierung Nr. 10 vom 31. 1. 1989 S. 79ff.

[24] „Offene Worte“ a.a.O. 44

[25] Nach Angaben der Iswestija gibt es allein in der Dagistanischen Autonomen Sozialistischen Sowjetrepublik 170 000 Arbeitslose (Frankfurter Allgemeine Zeitung 9. 1. 88).

Zu VI (S. 70 – 79)

[1] Kirche in Not „Christen in der Sowjetunion zwischen Bedrängnis und Hoffnung" München 1988.

[2] Über eine Ausnahme berichtet die Hilfsaktion Märtyrerkirche im „Pressespiegel" Sept. 1988 S. 2

[3] „Offene Worte" a.a.O. 46f.

[4] Meissner „Das Aktionsprogramm" . . . a.a.O. 135

[5] Nach „27. Parteitag der KPdSU März 1986 – Sowjetunion zu neuen Ufern?" Dokumente und Materialien mit einer Einleitung von G. Meyer, Düsseldorf o. J. S. 274f.

[6] William van den Bercken „Atheismus ist und bleibt Pflicht" Ständige Beilage der Deutschen Tagespost III, 88 S. 5

[7] Nach Deutsche Tagespost 18. 2. 88; siehe auch Kratzel a.a.O. 120

[8] Gorbatschow „Perestrojka" a.a.O. S. 49

[9] Josef Bochenski u. a. „Handbuch des Weltkommunismus" Freiburg 1958 S. 553

[10] Lenin a.a.O. 7, 173

[11] Nach Carl Gustav Ströhm: Die Welt 4. 6. 1988

[12] Nach Rheinischer Merkur 24. 9. 1976 S. 30

[13] Werner Adam „Wenn der Patriarch zum Kreml kommt" Frankfurter Allgemeine Zeitung 21. 5. 1988

[14] Klaus Heller „Verhältnis von Staat und Kirche in Rußland und in der Sowjetunion" Beilage zur Wochenzeitung Das Parlament B 35/88 S. 29ff., insbes. S. 38

[15] Diethild Treffert „Orthodoxe Bischöfe weisen die Ukrainische Kirche weiterhin ab" Deutsche Tagespost 29. 9. 1988 S. 5

[16] Nach Deutsche Tagespost, Ständige Beilage III 1988 S. 3

[17] „Offene Worte" a.a.O. 44

[18] Siehe Konrad Löw „Kann ein Christ Marxist sein?" München 1987; Angelika Senge „Marxismus als atheistische Weltanschauung" Paderborn 1983

[19] Nach „Programm und Statut der KPdSU" Berlin (Ost) 1961, S. 136f bzw. „Sowjetunion zu neuen Ufern?" Düsseldorf o. J. 274f.

[20] Gorbatschow „Die Rede" a.a.O. 78

[21] Gorbatschow nach APN, dt. Übersetzung, 28. 6. 1988 S. 41

[22] Nach „Im Original Perestrojka" Juli 1988 S. 10

[23] Gorbatschow „Die Rede" a.a.O. 66

[24] Nach Deutsche Tagespost 15. 10. 1988; das Präsidium des Obersten Sowjets hat anläßlich der Tausendjahrfeier der Christianisierung Rußlands den Patriarchen Pimen und andere russische Kirchenführer mit dem Orden „Rote Fahne der Arbeit" ausgezeichnet (Freie Pressekorrespondenz 3/88 S. 12).

[25] Siehe Hans Günter Hockerts „Die nationalsozialistische Kirchenpolitik im neuen Lichte der Goebbels-Tagebücher" Beilage zur Wochenzeitung Das Parlament 30/83 S. 23ff., insbesondere S. 25

[26] Nach Henry Picker „Hitlers Tischgespräche" Stuttgart 1963 S. 154

Zu VII (S. 80 – 96)

1 In Lenins „Werken“ kommt „Glasnost“ knapp 50mal vor; auch Stalin und Chruschtschow haben es gelegentlich gebraucht. Siehe Walter Laqueur in Europäische Rundschau 3/88.
2 Frankfurter Allgemeine Zeitung 25. 4. 1987
3 Valentin Falin Süddeutsche Zeitung 19. 6. 1987 S. 3
4 Gorbatschow „Die Rede“ a.a.O. 91
5 MEW a.a.O. 4, 474
6 Lenin a.a.O. 7, 106
7 Meissner „Das neue Aktionsprogramm . . .“ a.a.O. 91ff.
8 MEW a.a.O. 4, 493
9 MEW a.a.O. 37, 327
10 Gorbatschow „Perestrojka“ a.a.O. 92
11 Gorbatschow „Perestrojka“ a.a.O. 67
12 Valentin Falin Süddeutsche Zeitung 19. 6. 1987 S. 3
13 Nach Süddeutsche Zeitung 25. 11. 1987
14 Nach Ernst-Otto Maetzke „Nachhilfe in ‚Glasnost‘“ Frankfurter Allgemeine Zeitung 3. 8. 1988
15 Radio Moskau 12. 6. 1988, 11.42 Uhr MESZ Sendung in deutscher Sprache
16 Wadim Medwedew, der im ZK der KPdSU für ideologische Fragen Zuständige (nach Münchner Merkur 30. 11. 88)
17 Nach Diethild Treffer „Pressefreiheit im Zeichen der ‚Perestrojka‘“ Deutsche Tagespost 3. 12. 1987
18 Nach Kontinent Heft 3, 1988, S. 1
19 Nach Diethild Treffer „Pressefreiheit im Zeichen der ‚Perestrojka‘“ Deutsche Tagespost 3. 12. 1987
20 „Offene Worte“ a.a.O. 90
21 Aus „Durch Demokratisierung zu einer neuen Gestalt des Sozialismus“ Literaturnaja Gazeta 11. 5. 1988 (übersetzt von Günter Kratzel)
22 Elmar zur Bonsen „In der Perestrojka leben Journalisten gefährlich . . .“ Süddeutsche Zeitung 29./30. 10. 1988
23 Ernst-Otto Maetzke „Nachhilfe in ‚Glasnost‘“ Frankfurter Allgemeine Zeitung 3. 8. 1988
24 John Kohan „Catching Glimpses of Glasnost“ Time 22. 6. 87 S. 37
25 Nach Frankfurter Allgemeine Zeitung 9. 4. 1988
26 Radio Moskau 10. 2. 1988 MEZ „Politik aktuell“
27 Radio Moskau 9. 7. 1987 11 Uhr MESZ „Sendung in deutscher Sprache“
28 Frankfurter Allgemeine Zeitung 8. 7. 1987
29 Nach Kontinent 1/89 S. 110
30 Belege befinden sich im Archiv des Autors
31 Menschenrechte März/April 1988 S. 21
32 Astolphe de Custine „Russische Schatten – prophetische Briefe aus dem Jahre 1839“ Nördlingen 1985
33 Süddeutsche Zeitung 13. 4. 88
34 Time 23. 11. 87
35 Frankfurter Allgemeine Zeitung 2. 8. 88
36 Gorbatschow „Perestrojka“ a.a.O. 155

Zu VIII (S. 97 – 107)

[1] Nach o. N. „Wie weit kann Gorbatschow gehen“ Der Staatsbürger, Juli 1987, Beilage der Bayerischen Staatszeitung

[2] Radio Moskau 18. 11. 1987 18.30 MEZ „Sendung in deutscher Sprache“

[3] „Lifting History’s Veil“ Time Nov. 16, 87 S. 4

[4] Gorbatschow „Perestrojka“ a.a.O. 50

[5] Dazu ausführlich Adam B. Ulan „Rußlands gescheiterte Revolutionen . . .“ München 1985

[6] Christian Schmidt-Häuer „Die Revolution hat sie alle überrumpelt . . .“ Die Zeit 13. 11. 87 S. 10

[7] Milovan Djilas „Die Revolution – ein Mythos und Schrecken“ Rheinischer Merkur 6. 11. 87 S. 4

[8] German Andrejew „Zum 70. Jahrestag des bolschewistischen Umsturzes“ Kontinent 4, 87 S. 8

[9] Siehe Anm. 8 S. 8

[10] Siehe Anm. 8 S. 8

[11] Nach Frankfurter Allgemeine Zeitung 22. 2. 1988 S. 10

[12] Shub a.a.O. 442f.

[13] Dazu ausführlich Oskar Anweiler „Die Rätebewegung in Rußland 1905 – 1921“ Leiden 1955, insbes. S. 317

[14] Nach Frankfurter Allgemeine Zeitung 3. 11. 87 S. 2

[15] Nach Scheibert a.a.O. S. 8

[16] Nach Frankfurter Allgemeine Zeitung 20. 8. 88

[17] Christian Schmidt-Häuer „Die Revolution hat sie alle überrumpelt . . .“ Die Zeit 13. 11. 87 S. 10

[18] Gorbatschow „Perestrojka“ a.a.O. 48

[19] D. Zlepko „Der ukrainische Hunger-Holocaust . . .“ Sonnebühl 1988; Conquest a.a.O.

[20] „Gorbatschow rechtfertigt den Hitler-Stalin-Pakt“ Frankfurter Allgemeine Zeitung 4. 11. 87

[21] Nach Klaus Leciejewski „Blick nach vorn auf Trotzki und Stalin“ Frankfurter Allgemeine Zeitung 22. 2. 88 S. 10

[22] Nach Freie Presse Korrespondenz 3/88 S. 4

[23] Ausführlich und quellenmäßig exakt belegt Jens Hacker „Der Ostblock . . .“ Baden-Baden 1983 S. 30ff.

[24] Nach Klaus Leciejewski „Blick nach vorn auf Trotzki und Stalin“, Frankfurter Allgemeine Zeitung 22. 2. 88 S. 10

[25] J. W. Brügel „Stalin und Hitler“ Wien 1973 S. 7

[26] Näheres dazu siehe Konrad Löw „Warum fasziniert der Kommunismus?“ München 1985 S. 202f.

[27] Gorbatschow „Perestrojka“ a.a.O. 249

[28] „Hitler-Stalin-Pakt verdammt“ Frankfurter Allgemeine Zeitung 19. Mai 1988

[29] Radio Minsk 5. 9. 1987 19.43 Uhr MESZ „Sendung in deutscher Sprache“

[30] Unter der Überschrift „Polen unter Besatzungsterror – Stalin wütete nicht weniger schlimm als die Nationalsozialisten“ bespricht Thomas Urban (Süddeutsche Zeitung 1./2. 10. 88) Jan Gross’ Buch „Und wehe, Du hoffst . . .“ Urban: „Stalins Konzept unterschied sich in den Methoden kaum vom Besatzungsterror der Nationalsoziali-

sten. Wie die Gestapo, so machte auch der NKWD auf Intellektuelle Jagd, mit der ‚Enthauptung' der Gesellschaft, der physischen Vernichtung ihrer geistigen Führungsschicht sollte jeder organisierte Widerstand im Keim erstickt werden. Katyn, wo mehrere Tausend Reserveoffiziere – Lehrer, Professoren, Ärzte, Ingenieure, Künstler – den Tod fanden, war nur die Spitze des Eisbergs.
Der NKWD verrichtete dabei seine Arbeit offensichtlich gründlicher als die Nazi-Schergen, – was indes nichts an der deutschen Schuld ändert . . .
Der Druck des NKWD lastete so schwer auf den Menschen, daß sich viele von ihnen zur Flucht in das ‚Generalgouvernement' entschlossen, darunter auch Juden, allen Warnungen zum Trotz." Ferner: Gotthold Rhode „Weiße Flecken gibt es viele" Frankfurter Allgemeine Zeitung 26. 3. 88

31 Moskau News August 88 S. 9

32 Nach Frankfurter Allgemeine Zeitung 18. 8. 88

33 Hacker a.a.O. 531f.

34 Nach Epoche Nr. 107 S. 35

Zu IX (S. 108 – 119)

1 Gorbatschow „Die Rede" a.a.O. Titelseite und S. 90

2 Gorbatschow „Perestrojka" a.a.O. 36

3 Gorbatschow „Perestrojka" a.a.O. 189

4 Bilinsky a.a.O. 229

5 „Gorbatschow beschwört die Prinzipien" Frankfurter Allgemeine Zeitung 14. 1. 1988

6 Gorbatschow „Perestrojka" a.a.O. 37

7 Nach Frankfurter Allgemeine Zeitung 29. 6. 88 S. 1

8 Wladimir Afunin, Radio Moskau, Sendung in deutscher Sprache 9. 3. 87, 17 Uhr

9 Nach Frankfurter Allgemeine Zeitung 27. 10. 87, S. 9

10 Meissner a.a.O. 240, 266

11 Löw „Marxismus-Quellenlexikon" a.a.O. „Demokratie", „Diktatur des Proletariats"

12 Löw „Marxismus-Quellenlexikon" a.a.O. „Partei"

13 Löw „Marxismus-Quellenlexikon" a.a.O. „Proletariat"

14 MEW a.a.O. 2, 38

15 Parteikonferenzen können zwischen den Parteitagen zur Behandlung dringender Fragen einberufen werden.

16 „Offene Worte" a.a.O. 521ff.

17 „Offene Worte" a.a.O. 93

18 Süddeutsche Zeitung 26. 1. 89 S. 10

19 „Offene Worte" a.a.O. 94ff. Im Oktober 88 gab es erstmals auch Nein-Stimmen im Obersten Sowjet.

20 Gorbatschow nach Arnold Buchholz „Perspektiven der Sowjetideologie" in Beilage zur Wochenzeitung Das Parlament 45/87 S. 36

21 Nach Literaturnaja gazeta 11. 5. 1988 (übersetzt von Günter Kratzel)

22 MEW a.a.O. 27, 324

23 MEW a.a.O. 4, 474

1 Hervorhebungen im Original. Siehe Meissner „Das Aktionsprogramm“ a.a.O. 100

2 Nach „Perestrojka“ Juli 88 S. 7

3 Nach Frankfurter Allgemeine Zeitung 1. 8. 88

4 Bernd Knabe „‚Perestrojka‘ und die materiellen Grundbedürfnisse der Menschen in der UdSSR“ BiOst Köln 87 S. 17

5 Nach Frankfurter Allgemeine Zeitung 9. 1. 88

6 Nach Süddeutsche Zeitung 21. 12. 88 „Der Januskopf der sowjetischen Wirtschaft“

7 Zusammengestellt von Werner Obst in „Forum für geistige Führung“ 3/88 S. 11

8 Nach Helmut Dahm „Ende vom Anfang oder Anfang vom Ende“ Kontinent 3/88 S. 21

9 So Meissner („Die Sowjetunion“ a.a.O. S. 218) mit Blick auf Abel Aganbegjan, den Leiter der Wirtschaftsabteilung der Akademie der Wissenschaften der UdSSR

10 Abel G. Aganbegjan „Strategie der Beschleunigung der sozialistischen ökonomischen Entwicklung der UdSSR“ – in Beilage zur Wochenzeitschrift Das Parlament 45/87 S. 3

11 (wie 10) S. 7

12 Gorbatschow „Perestrojka“ a.a.O. 47

13 Nach Frankfurter Allgemeine Zeitung 1. 8. 88

14 Radio Moskau 5. 1. 88 Politik aktuell

15 Nach Alfred Schüler u. a. „Gorbatschow-Reform – Modell für Osteuropa?“ in Giger „Sozialismus“ a.a.O. 341

16 Joachim Karl „Die Joint-Venture-Gesetzgebung in der Sowjetunion“. Osteuropa-Recht März 88 S. 19ff.

17 Meissner „Die Sowjetunion“ a.a.O. 215ff.

18 Ausführlich Hewett a.a.O.

19 Nach Helmut Dahm „Ende vom Anfang oder Anfang vom Ende?“ Kontinent 3/88 S. 22

20 Schüler (wie 15) S. 325

21 Gorbatschow „Perestrojka“ a.a.O. 59

22 „Offene Worte“ a.a.O. 91

23 Gorbatschow „Perestrojka“ a.a.O. 129

24 Nach Joseph Bochenski „Die kommunistische Ideologie . . .“ Bonn 1963 S. 42

25 Siehe Löw „Marxismus-Quellenlexikon“ a.a.O. „Gleichheit“

26 MEW a.a.O. 19, 21

27 Siehe Löw „Marxismus-Quellenlexikon“ a.a.O. „Moral“

28 Schüler (wie 15) S. 340

29 L. Ionin „Legalisierung als Bremse?“ Kontinent 2/88 S. 13

30 B. P. (sic) „Bemerkungen eines Skeptikers“ Kontinent 2/88 S. 16

31 Dieter Lösch „Schafft Gorbatschow den Umschwung?“ in Mut Juni 1988 S. 19; siehe auch Harry Maier „Innovation oder Stagnation – Bedingungen der Wirtschaftsreform sozialistischer Länder“ Köln 1987

32 Jan Winiecki „Am Beginn mußte die Abschaffung der Nomenklatura stehen“ Frankfurter Allgemeine Zeitung 25. 10. 88 S. 5

33 Meissner „Das Aktionsprogramm“ a.a.O. 94

34 Meissner „Das Aktionsprogramm“ a.a.O. 108

35 Nach „Rheinischer Merkur“ 7. 8. 88

36 Nach Frankfurter Allgemeine Zeitung 19. 9. 88

37 Nach Frankfurter Allgemeine Zeitung 11. 1. 1989, S. 11

Zu XI (S. 135 – 169)

1 Gorbatschow „Perestrojka“ a.a.O. 334
2 MEW a.a.O. 4, 462
3 Löw „Marxismus-Quellenlexikon“ a.a.O. „Histomat“, „Kommunismus“, „Proletariat“
4 MEW a.a.O. 4, 373
5 MEW a.a.O. 6, 150
6 Lenin „Werke“ a.a.O. 31, 406
7 Gorbatschow „Perestrojka“ a.a.O. 183f.
8 Konrad Löw „Die Achtung der Menschenrechte – eine Garantie des Weltfriedens“ in Beilage zur Wochenzeitung Das Parlament 19/86 S. 33ff.
9 W. Medwedjew in Prawda 9. 12. 87 S. 4
10 Gorbatschow „Perestrojka“ a.a.O. 187
11 So ausdrücklich W. Sagladin nach Robert Furtak „Die ‚neue Philosophie‘ der sowjetischen Außenpolitik“ Politische Studien Juli/August 1988 S. 478f.
12 Gorbatschow „Perestrojka“ a.a.O. 186
13 Gorbatschow „Perestrojka“ a.a.O. 165
14 Gorbatschow „Perestrojka“ a.a.O. 192
15 Löw „Marxismus-Quellenlexikon“ a.a.O. „Selbstbestimmungsrecht des Volkes“
16 MEW a.a.O. 6, 168
17 Löw „Marxismus-Quellenlexikon“ a.a.O. „Polen“
18 Meissner „Das Aktionsprogramm“ a.a.O. 103
18a „Sowjetunion heute“ Sondernummer November 1987 S. 27, Spalte 3
19 Gorbatschow „Perestrojka“ a.a.O. 172
20 Gorbatschow „Perestrojka“ a.a.O. 212
21 Nach Eduard Gloeckner „Hängt die deutsche Einheit von Moskau ab?“ Politische Studien Juli/August 88 S. 410
22 Gorbatschow „Perestrojka“ a.a.O. 209
23 Prawda 1. 7. 86 nach E. Schneider „Moskaus Leitlinie für das Jahr 2000“ München 1987 S. 84f.
24 Wolfgang Pfeiler „Kontinuität und ‚Neues Denken‘ in der sowjetischen Außenpolitik“ Sonde 1/2. 88 S. 24
25 Gorbatschow „Perestrojka“ a.a.O. 284
26 Gorbatschow „Perestrojka“ a.a.O. 166
27 Gorbatschow „Perestrojka“ a.a.O. 260
28 Nach Peter Boris „Besuch bei einem Dichterfürsten“ Kontinent 3/88 S. 89f.
29 Moskau News Oktober 88 S. 18
30 Nach Frankfurter Allgemeine Zeitung 26. 10. 88
31 Lenin Werke 22, 192ff.
32 Lenin Werke 20, 415 ff.
33 Gorbatschow „Perestrojka“ a.a.O. 248
34 MEW a.a.O. 13, 8f.
35 Gorbatschow „Perestrojka“ a.a.O. 249f.
36 Gorbatschow „Perestrojka“ a.a.O. 249
37 Gorbatschow „Perestrojka“ a.a.O. 251
38 Gorbatschow „Perestrojka“ a.a.O. 252
39 Karl Marx „Die Geschichte der Geheimdiplomatie des 18. Jahrhunderts“ Berlin (West) 1977 S. 81
40 Nach Prawda 8. 4. 88

[41] Sehr aufschlußreich Heinrich Bartel „A. N. Jakowlew und die USA – Leitgedanken und Feindbilder eines Gorbatschow-Beraters“ BiOst 47 – 88.
In der Vorbemerkung heißt es: „Seit Gorbatschow – noch vor seinem Amtsantritt als Generalsekretär der KPdSU – die Rückkehr A. N. Jakowlews vom Botschafterposten in Ottawa nach Moskau veranlaßte, ist dieser zu einem der einflußreichsten Männer an der Seite des Kreml-Chefs aufgestiegen. Die Ernennung zum Vollmitglied im Politbüro auf dem 27. Parteitag, vor allem aber die Übernahme des bislang von Anatolij Dobrynin geleiteten ZK-Sekretariats für Internationale Beziehungen haben den Blick der Weltöffentlichkeit auf Jakowlew gelenkt . . . Jakowlews Bild der amerikanischen Gesellschaft gleicht einem Kaleidoskop von Negativstereotypen. Das Begriffsmosaik reicht von Gesetzlosigkeit, Betrug, Heuchelei, Demagogie über Haß, Rassismus, Zynismus, Unmoral, religiösem Wahn bis zur kulturellen Dekadenz, die sich in der amerikanischen ‚Massenkultur‘ manifestiert. Dieser Dämonisierung der Gesellschaft entspricht Jakowlews Interpretation des politischen Systems als einer ‚totalitären Diktatur‘ des Großkapitals mit eindeutig faschistischer Tendenz . . .“

[42] Gorbatschow „Perestrojka“ a.a.O. 284f.

[43] Gorbatschow „Perestrojka“ a.a.O. 189

[44] Gorbatschow „Perestrojka“ a.a.O. 287

[45] Gorbatschow „Perestrojka“ a.a.O. 164

[46] Gorbatschow „Perestrojka“ a.a.O. 221

[47] Lenin „Werke“ a.a.O. 20, darin eine Tabelle mit den Kolonialbesitzungen

[48] Achim Remde „Warum helft Ihr uns eigentlich?“ in Das Parlament Nr. 48, 25. 11. 88, S. 11.

[49] Gorbatschow „Perestrojka“ a.a.O. 231

[50] Gorbatschow „Perestrojka“ a.a.O. 166

[51] MEW a.a.O. Ergbd 1, 536: „Der Kommunismus . . . ist das aufgelöste Rätsel der Geschichte und weiß sich als diese Lösung.“

[52] Gorbatschow „Perestrojka“ a.a.O. 288

[53] Gorbatschow „Perestrojka“ a.a.O. 180

[54] Gorbatschow „Perestrojka“ a.a.O. 190

[55] Rüdiger Lentz „Der propagandistische Schein trügt“ Das Parlament 5. 12. 87 S. 5

[56] Ausführlich Konrad Löw „Zittert Breschnew? Zehn Gesichtspunkte zur Beantwortung der Frage“ Politische Studien März/April 82 S. 147 ff.

[57] David Mellor „Das INF-Abkommen: Ein gutes Geschäft für den Westen?“ NATO-Brief 6/87 S. 5

[58] Nach Frankfurter Allgemeine Zeitung 27. 10. 88

[59] Gorbatschow „Perestrojka“ a.a.O. 182

[60] Meissner „Das Aktionsprogramm“ a.a.O. S. 146

[61] Gorbatschow „Perestrojka“ a.a.O. 335

[62] Gorbatschow „Perestrojka“ a.a.O. 230

[63] Gorbatschow „Perestrojka“ a.a.O. 245

[64] Gorbatschow „Perestrojka“ a.a.O. 230

[65] Gorbatschow „Perestrojka" a.a.O. 229
[66] Nach Motschmann a.a.O. 37
[67] Meissner „Das Aktionsprogramm . . ." a.a.O. 150
[68] Nach Paul Schmidt „Statist auf diplomatischer Bühne" Bonn 1953 S. 350
[69] Nach Manfred Funke „München 1938: Illusion des Friedens" Beilage zur Wochenzeitschrift Das Parlament 43/88 S. 13
[70] Nach Frankfurter Allgemeine Zeitung 29. 9. 88 S. 8
[71] Nach Manfred Scheib „Demokratische Verantwortung aus politischer Erinnerung" Bad Godesberg 1964, S. 41
[72] Nach Manfred Funke „München 1938: Illusion des Friedens" Beilage zur Wochenzeitschrift Das Parlament 43/88 S. 41 f.
[73] Nach Hans-Adolf Jacobsen „Deutsch-sowjetische Beziehungen . . ." Beilage zur Wochenzeitung Das Parlament 3/88 S. 32 und Welt am Sonntag 4. 12. 88
[74] Nach Time 15/88 S. 4
[75] Gorbatschow „Perestrojka" a.a.O. 335
[76] Löw „Marxismus-Quellenlexikon" a.a.O. „Freiheit"
[77] MEW a.a.O. 6, 81

Zu XII (S. 170 – 184)

[1] Die Zeit 8. 1. 88 S. 5
[2] Süddeutsche Zeitung 30. 12. 87
[3] Westfälische Rundschau 2. 1. 88
[4] Bayernkurier 9. 1. 88
[5] Frankfurter Allgemeine Zeitung 9. 1. 88 S. 2
[6] MEW a.a.O. 33, 17
[7] MEW a.a.O. 32, 243
[8] MEW a.a.O. 38, 404
[9] MEW a.a.O. 9, 16f.
[10] MEW a.a.O. 9, 115f.
[11] Nach Gerd-K. Kaltenbrunner „Radikale Touristen" Freiburg 1975 S. 15
[12] Nach Epoche Ausgabe Nr. 108 S. 40
[13] Wladimir Bukowskij „Niemand will Gorbatschow eine Kuh mieten" Rheinischer Merkur 20. 11. 87 S. 3; Kontinent 1/89 S. 6
[14] Nach „Forum Ost Perspektiven" Nr. 12 Dez. 87 S. 10
[15] Nach Die Welt 27. 1. 88 S. 3
[16] Interview mit Karl Popper Das Parlament 5./12. 9. 87 S. 9. Was hiermit u. a. gesagt sein soll, kommt in einer Äußerung Kirejewskis aus dem Jahre 1852 deutlich zum Ausdruck: „Im Westen herrscht überall Zersplitterung, nämlich Zersplitterung des Geistes, des Denkens, der Wissenschaft, des Staates, der Stände, der Gesellschaft, der familiären Rechte und Pflichten, der sittlichen und seelischen Verfassung, aller totalen und partiellen Aspekte des menschlichen Lebens, sowohl in gesellschaftlicher als auch in individueller Beziehung. In Rußland dagegen überwiegt das Streben nach Ganzheit der inneren und äußeren, der gesellschaftlichen und individuellen, kontemplativen und aktiven und

schließlich der künstlerischen und sittlichen Lebensformen. Wenn das bis jetzt von uns Ausgeführte richtig ist, dann können wir den Gegensatz der westeuropäischen und der altrussischen Kultur auf die Formel reduzieren: Zersplitterung gegen Ganzheit, Rationalismus gegen Intellektualismus." (Nach Arnold Buchholz „Dritte industrielle Revolution" BI Ost 28 – 1988 S. 20)

[17] Siehe dazu Emil Peter Müller „Antiamerikanismus in Deutschland – Zwischen Care-Paket und Cruise Missile" Köln 1986

[18] Gorbatschow „Die Rede" a.a.O. 15

[19] Milovan Djilas „Die neue Klasse" München 1963

[20] Hans Ulrich Kempski „Im Kreml nimmt der Chef den Kampf auf" Süddeutsche Zeitung 30. 6. 88, S. 3

[21] Die Zeit 29. 1. 88, S. 33

[22] Münchner Merkur 1. 3. 88

[23] Münchner Merkur 6./7. 2. 88

[24] Die Zeit 11. 12. 87

[25] Nach Manfred Backerra „Perestrojka der sowjetischen Militärdoktrin?" Beiträge zur Konfliktforschung 2 – 1988 S. 111

[26] Sebastian Haffner „Anmerkungen zu Hitler" München 1978 S. 54

[27] Nach Politik-Informationen aus Bonn 7/88 S. 6

[28] Werner Gumpel „Entspannungspolitik und wirtschaftliche Entwicklung" in „Beiträge zur Konfliktforschung" 2/82 S. 87

[29] Radio Moskau 3. 11. 88 11 Uhr „Das Informationsmagazin"

[30] Nach Frankfurter Allgemeine Zeitung 9. 1. 88
Die umfangreiche Vergabe westlicher Kredite an die Sowjetunion weckt in den Vereinigten Staaten großes Mißtrauen. Der amerikanische Senat hat fast einstimmig eine Resolution verabschiedet, in der die Regierung aufgefordert wird, mögliche Auswirkungen der Kreditvergabe auf die nationale Sicherheit zu prüfen. Bei uns aber dominiert offenbar folgende Sicht: „Trotzdem scheint eine wesentliche Unterstützung Gorbatschows aus eigenen Interessen notwendig, denn eine Agonie der Sowjetunion könnte für die westlichen Industrienationen ebenfalls gefährlich werden und selbst militärische Aggressionen der Sowjetunion wahrscheinlicher machen." (Erhard Forndan „Die neue Politik Gorbatschows . . ." Gegenwartskunde II/88 S. 179) Damit wird offen eingeräumt, daß wir bereits erpreßbar sind.

[31] MEW a.a.O. 9, 108

[32] Peking hatte „drei Hindernisse" für ernsthafte Gespräche mitgeteilt: Aufenthalt der Roten Armee in Afghanistan, SS-20-Raketen in Asien und starke Truppenkonzentration an der gemeinsamen Grenze. Die Sowjetunion ist bestrebt, diese Hindernisse aus dem Weg zu räumen und auch eine Beilegung des Kambodscha-Konflikts herbeizuführen.

Literaturverzeichnis

(Hier sind nur jene Titel aufgeführt, die für das Thema von größerer Bedeutung sind oder häufiger zitiert wurden.)

Afanassjew, Juri (Hrsg.),
„Es gibt keine Alternative zu Perestrojka: Glasnost, Demokratie , Sozialismus“, Nördlingen 1988

Brahm, Heinz
„Der ‚Kleine Parteitag‘ in Moskau (28. Juni – 1. Juli 1988)“, Berichte des Bundesinstituts für ostwissenschaftliche und internationale Studien, Köln, 34 – 1988

Buchholz, Arnold
„Dritte industrielle Revolution und Sowjetideologie – Angelpunkt der sowjetischen Identitätskrise“, Bericht des Bundesinstituts für ostwissenschaftliche und internationale Studien, Köln, 28 – 1988

Conquest, Robert
„Die Ernte des Todes. Stalins Holocaust in der Ukraine 1929 – 1933“, München 1988

Dahm, Helmut
„Der XXVII. Parteitag der KPdSU und ihr neues Programm – Objektiver Vorsatz und subjektiver Antrieb in politisch-ideologischer Sicht“, Bericht des Bundesinstituts für ostwissenschaftliche und internationale Studien, Köln, 28 – 1986

Giger, Hans/Linder, Willy
„Sozialismus Ende einer Illusion – Zerfallserscheinungen im Lichte der Wissenschaft“, Köln 1988

Gorbatschow, Michail
„Die Rede – ‚Wir brauchen die Demokratie wie die Luft zum Atmen‘“, Reinbek 1987

Gorbatschow, Michail
„Perestrojka – die zweite russische Revolution“, München 1987 (Im Buchtitel wird „Perestroika“ mit „i“ geschrieben; üblich aber ist „j“. Der Einheitlichkeit wegen wird hier ausschließlich die Schreibweise mit „j“ bevorzugt.)

Gorbatschow, Michail
„Was ich wirklich will – Antworten auf die Fragen der Welt“, Wien 1987

Gumpel, Werner (Hrsg.)
„Die Zukunft der sozialistischen Staaten“, Hanns Martin Schleyer-Stiftung, Köln 1988

Hacker, Jens
„Der Ostblock – Entstehung, Entwicklung und Struktur 1939 – 1980“, Baden-Baden 1983

Hewett, Ed. A.
„Der neue Markt Sowjetunion – Effizienz und Perestrojka in der sowjetischen Wirtschaft“, Landsberg 1988

Kratzel, Günter
„Sowjetismus – Moskau und die deutsche Wirrnis“, Asendorf 1987

Lenin, Wladimir Iljitsch
„Werke“ 40 Bände, Berlin (Ost) 1958 – 1964

Mai, Gottfried
„Lenin – der pervertierte Moral“, CH-Berneck 1988

Meissner, Boris
„Die Sowjetunion im Umbruch – Historische Hintergründe, Ziele und Grenzen der Reformpolitik Gorbatschows“, Stuttgart 1988

Meissner, Boris
„Das Parteiprogramm der KPdSU – 1903 – 1961“, Köln 1962

Meissner, Boris
„Das Aktionsprogramm Gorbatschows – die Neufassung des 3. Parteiprogramms der KPDSU“, Köln 1987

Mommsen, Margarete/Schröder, Hans-Henning (Hrsg.)
„Gorbatschows Revolution von oben – Dynamik und Widerstände im Reformprozeß der UdSSR“, Frankfurt 1987

Motschmann, Klaus
„Politik in der Kirche – Glasnost, Perestrojka . . . wenn Wörter das Wort verdrängen“, Stuttgart 1988

Müller, Michael u. a.
„,Es gibt kein zurück‘ – Gorbatschows Reformen – Chancen für Europa“, Berlin 1987

MEW
Marx, Karl/Engels, Friedrich „Werke“ 42 Bände, Berlin (Ost) 1967 ff.

„Offene Worte – Gorbatschow
Ligatschow, Jelzin und 4991 Delegierte diskutieren über den richtigen Weg“, Nördlingen 1988

Ruffmann, Karl-H.
„Fragen an die sowjetische Geschichte – von Lenin bis Gorbatschow“, München 1987

Schmidt-Häuer, Christian/Huber, Maria
„Rußlands zweite Revolution – Chancen und Risiken der Reformpolitik Gorbatschows“, München 1987

Schneider, Eberhard
„Moskaus Leitlinie für das Jahr 2000 – die Neufassung von Programm und Statut der KPdSU“, München 1987

Scheibert, Peter
„Lenin an der Macht – Das russische Volk in der Revolution 1918 – 1922“, Weinheim 1984

Schweisfurth, Theodor
„Die Komplimentarität persönlichen Nutzens und gesellschaftlichen Interesses – Das Gesetz der UdSSR über individuelle Arbeitstätigkeit vom 19. Nov. 86“, Osteuropa März 1988

Shub, David
„Lenin“, Wiesbaden 1957

Sinowjew, Alexander
„Katastroika – Gorbatschows Potemkinsche Dörfer“, Berlin (West) 1988

Timmermann, Heinz
„Die sowjetische Außenpolitik im Zeichen von ‚neuem Denken‘ und Handeln“, Berichte des Bundesinstituts für ostwissenschaftliche und internationale Studien, Köln, 48 – 1988

Wettig, Gerhard
„Gorbatschow auf Lenin-Kurs? – Dokumente zur neuen sowjetischen Politik“, Köln 1988

Personenregister

Stichwortverzeichnis